U0360120

# 探索生命课堂之真
# 发现生命教学之法

## 上海市杨浦区
## 生命科学工作室成果集

沈桂弟 主编

上海交通大学出版社
SHANGHAI JIAO TONG UNIVERSITY PRESS

**内容提要**

  本书是一线青年教师长期教学实践的研究成果,共分两大部分,第一部分"探索生命课堂之真"是教师们围绕探索主题进行的课堂教学设计和课堂教学实录,以"新课标新课程提出的学科核心素养如何在新教材具体生物学概念教学过程中有效落实"为目标,从教学过程的各个环节展开,提出了多种有效落实核心素养的途径、方法和策略。第二部分"发现生命教学之法"是教师们根据总的研究目标下的子课题,对实践案例进行梳理、分析、归纳和验证,总结了实践研究中的经验、感悟和相关成果,并提出了反思和实践操作的建议。本书对"双新"背景下的高中生物学教学有一定参考价值,对高中生物学教学中核心素养的有效落实及高中生物学教学问题的研究也有一定的帮助。

## 图书在版编目(CIP)数据

  探索生命课堂之真 发现生命教学之法:上海市杨浦区生命科学工作室成果集/沈桂弟主编.—上海:上海交通大学出版社,2023.8

  ISBN 978-7-313-29115-8

  Ⅰ.①探… Ⅱ.①沈… Ⅲ.①生命科学—教学研究—高中 Ⅳ.①G633.912

  中国国家版本馆 CIP 数据核字(2023)第 142147 号

探索生命课堂之真 发现生命教学之法
——上海市杨浦区生命科学工作室成果集
TANSUO SHENGMING KETANG ZHI ZHEN  FAXIAN SHENGMING JIAOXUE ZHI FA
——SHANGHAISHI YANGPUQU SHENGMING KEXUE GONGZUOSHI CHENGGUOJI

| | | | |
|---|---|---|---|
| 主　　编: | 沈桂弟 | | |
| 出版发行: | 上海交通大学出版社 | 地　　址: | 上海市番禺路 951 号 |
| 邮政编码: | 200030 | 电　　话: | 021-64071208 |
| 印　　制: | 苏州市古得堡数码印刷有限公司 | 经　　销: | 全国新华书店 |
| 开　　本: | 710mm×1000mm　1/16 | 印　　张: | 15 |
| 字　　数: | 243 千字 | | |
| 版　　次: | 2023 年 8 月第 1 版 | 印　　次: | 2023 年 8 月第 1 次印刷 |
| 书　　号: | ISBN 978-7-313-29115-8 | | |
| 定　　价: | 78.00 元 | | |

# 前言

Qian yan

　　杨浦区名师工作室是由区学科特级教师领衔、由区域部分有志于学科专业研究和学科教学能力水平提高的教师组成的一个学科教学研究团队。工作室的建立主要是为了充分发挥名教师的示范引领作用，促进区教师队伍的专业发展。

　　本期工作室学员共19名，来自杨浦区多所初、高中学校和上海交通大学附属中学教育集团的分校。工作室工作主要围绕以下两个方面展开：①基于课题"'双新'背景下课堂教学中落实学科核心素养方式的探索与研究"开展专题研究，以研究促进学员理论水平和实践能力的提高，并探索"双新"背景下生命科学学科课堂落实学科核心素养的教学途径和方法；②从课堂教学方法的探索和学科问题的研究出发，结合学员特点及其自身要求，使学员找到自己的教学风格和发展方向。工作室的具体活动分四个板块进行：①通过理论学习活动，拓宽视野、提升素养；②通过教学实践活动，提升教学能力，构建自身风格；③通过课题研究活动，掌握研究方法，找到突破自身的途径；④通过学科交流考察活动，在比较和相互交流中修炼自己。

　　工作室的每一位成员都勤于学习、勇于实践、乐于研究、善于总结，每一次活动都是各位成员的一次历练和提高。我们立足课堂，围绕研究主题，开展了几十次各级各类的公开教学展示活动。在专家们的引领下，同伴们相互激发灵感，每次活动都能有效调动和提升大家的热情和思维境界，使教师的学科素养更加深厚，更使我们的学生能真实感受到生命科学的学科魅力,提升生命科学的学科核心素养。

　　本书共分两大部分,第一部分"探索生命课堂之真"是教师们围绕探索主题进行的课堂教学设计和课堂教学实录,以"新课标新课程提出的学科核心素养如何在新教材具体生物学概念教学过程中有效落实"为目标,从教学过程的各个环节展开,提出了多种有效落实核心素养的途径、方法和策略。第二部分"发现生命教学之法"是教师们根据总的研究目标下的子课题,对实践案例进行梳理、分析、归纳和验证,总结了在实践研究中的经验、感悟和相关成果,并提出了反思和实践操作的建议。本书内容是一线青年教师长期教学实践的研究成果,对"双新"背景下的高中生物学教学的开展有一定的参考价值,对高中生物学教学中核心素养的有效落实有一定的借鉴作用,对高中生物学教学问题的研究也有一定的帮助。

　　由于时间仓促和研究水平有限,本书中还有很多内容仍显稚嫩,也难免出现一些差错,期望我们的学科同仁们在阅读后,给予批评指正。

# 目录

Mu lu

## 第一部分　探索生命课堂之真

光合作用的过程⋯⋯⋯⋯⋯⋯⋯⋯⋯⋯⋯⋯⋯⋯⋯⋯003

光合作用的研究历史（第 1 课时）⋯⋯⋯⋯⋯⋯⋯013

探究影响光合作用的因素⋯⋯⋯⋯⋯⋯⋯⋯⋯⋯⋯018

光合作用的研究历史⋯⋯⋯⋯⋯⋯⋯⋯⋯⋯⋯⋯⋯024

光合作用是物质和能量的转换过程⋯⋯⋯⋯⋯⋯⋯031

叶绿体色素的提取分离及叶绿素含量的测定⋯⋯⋯044

叶绿体色素的提取分离及叶绿素含量的测定⋯⋯⋯050

探究温度对淀粉酶活性的影响⋯⋯⋯⋯⋯⋯⋯⋯⋯055

蛋白质和核酸是重要的生物大分子（第 1 课时）⋯⋯061

检测生物组织中的还原糖、脂肪和蛋白质⋯⋯⋯⋯067

细胞由质膜包裹（第 1 课时）⋯⋯⋯⋯⋯⋯⋯⋯⋯075

观察外界溶液对植物细胞质壁分离和复原的影响⋯⋯082

血糖的平衡及其调节（第 2 课时）⋯⋯⋯⋯⋯⋯⋯088

激素通过反馈调节和分级调节维持稳态（第 1 课时）⋯⋯093

细胞衰老和死亡是自然的生理过程⋯⋯⋯⋯⋯⋯⋯100

巧选时事热点、落实态度责任的初中生物学教学实践⋯⋯107

常见传染病及其预防（第 2 课时）⋯⋯⋯⋯⋯⋯⋯112

校园湿地知多少⋯⋯⋯⋯⋯⋯⋯⋯⋯⋯⋯⋯⋯⋯⋯118

## 第二部分　发现生命教学之法

指向科学思维素养的生物科学史教学策略⋯⋯⋯⋯⋯⋯⋯⋯⋯⋯⋯⋯129

论证探究式教学模型在高中生物学教学中的实践⋯⋯⋯⋯⋯⋯⋯⋯133

情境探究式教学的应用⋯⋯⋯⋯⋯⋯⋯⋯⋯⋯⋯⋯⋯⋯⋯⋯⋯⋯139

基于情境创设的高中生物学课堂教学⋯⋯⋯⋯⋯⋯⋯⋯⋯⋯⋯⋯⋯144

深度学习视域下基于问题链和模型构建的教学设计⋯⋯⋯⋯⋯⋯⋯147

"叶绿体色素的提取分离及叶绿素含量的测定"的探究实验教学设计
　与实践⋯⋯⋯⋯⋯⋯⋯⋯⋯⋯⋯⋯⋯⋯⋯⋯⋯⋯⋯⋯⋯⋯⋯⋯154

改进实验设备，提高实验效率⋯⋯⋯⋯⋯⋯⋯⋯⋯⋯⋯⋯⋯⋯⋯⋯160

关于"探究温度对淀粉酶活性的影响"实验的几点改进和教学建议⋯⋯167

动眼、动手、动脑、动口、动情⋯⋯⋯⋯⋯⋯⋯⋯⋯⋯⋯⋯⋯⋯⋯⋯174

利用双缩脲试剂法和考马斯亮蓝法测定蛋白质含量的比较研究⋯⋯⋯180

基于PCK理论的高中生物核心素养的培养策略⋯⋯⋯⋯⋯⋯⋯⋯⋯187

基于信息技术的"观察外界溶液对植物细胞质壁分离和复原的影响"
　教学设计⋯⋯⋯⋯⋯⋯⋯⋯⋯⋯⋯⋯⋯⋯⋯⋯⋯⋯⋯⋯⋯⋯⋯192

线上线下融合式教学模式在高中生物学教学中的探究⋯⋯⋯⋯⋯⋯198

信息化视角下高中生物学教学方法解析⋯⋯⋯⋯⋯⋯⋯⋯⋯⋯⋯⋯204

基于情境教学的问题驱动式教学设计⋯⋯⋯⋯⋯⋯⋯⋯⋯⋯⋯⋯⋯209

关注情境，以游戏活动为主线开展教学设计⋯⋯⋯⋯⋯⋯⋯⋯⋯⋯215

校园情境在义务教育生物学核心素养落实中的应用探究⋯⋯⋯⋯⋯220

创设合理情境　落实核心素养⋯⋯⋯⋯⋯⋯⋯⋯⋯⋯⋯⋯⋯⋯⋯⋯226

# 第一部分
## 探索生命课堂之真

### 生命科学工作室公开课教案

如何研究和设计我们的课堂？
如何关注每一节课的学习过程？这
需要我们在真实课堂教学过程中不
断去努力开展实践研究。

# 探索生命课堂之真

随着新的生物学课程标准的实施,我们的课堂教学也发生了改变。新的生物学课程标准明确指出:生物学课程的根本任务是提高学生终身发展所需的生物学学科核心素养。而要完成这样的根本任务,教师需要在教学过程中关注每一个学生,关注每一节课的学习过程,努力促进学生在原有基础上良好发展。课堂是学校教育的中心场域,是实化、细化、具体化立德树人根本任务的主渠道,也是促进学生全面而有个性地发展的核心环节。那么如何研究和设计我们的课堂? 如何关注每一节课的学习过程? 这需要我们在真实课堂教学过程中不断努力开展实践研究,探索生命观念在课堂教学中的有效落实途径;探索培养学生科学思维的论证教学的策略;探索开展科学探究可行的实践活动形式;探索培养学生担当社会责任的社会性议题。课堂是教师传递、默化学生思想和行为的载体,真实的课堂更是如此。探索课堂教学的设计、进行和发展能够真正促使生物学核心素养在学生意识中生根发芽。

# 光合作用的过程

上海理工大学附属中学　顾淼淼

## 一、设计说明

### (一) 教材分析

《光合作用》是沪科版高中生命科学教材第一册第四章第二节的内容。本节内容包括光合作用的研究历史、叶绿体及色素、光合作用的过程、影响光合作用的因素，以及叶绿体色素的提取和分离、探究影响光合作用的因素两个实验。本课时"光合作用的过程"是本节内容的重点和难点。根据《普通高中生物学课程标准(2017 年版 2020 年修订)》中的要求，本节内容对应大概念 2"细胞的生存需要能量和营养物质，并通过分裂实现增殖"中的次位概念"说明植物细胞的叶绿体从太阳光中捕获能量，这些能量在二氧化碳和水转变为糖与氧气的过程中，转换并储存为糖分子中的化学能"。通过本节的学习，学生将从微观层面理解光合作用过程中的物质变化和能量转换，理解细胞生命活动中物质和能量变化的统一，细胞结构与功能的统一，初步形成结构与功能观以及物质与能量观，为后续学习其他生命活动规律、深入理解各种生命现象奠定基础。

### (二) 学情分析

高一学生在之前生命科学的学习过程中，对光合作用已经有了初步的认识，能够了解叶绿体的结构和功能，叶绿体中色素的种类、分布和功能，以及光合作用的反应物、生成物、场所、条件等知识。同时，对于科学实验的一些基本方法和思路也有初步的了解。这些为本节课进一步深入分析光合作用科学史实验，构建光合作用过程模型提供了良好的知识基础。

学生具备较强的观察和认知能力，有较强的分析、归纳、推理等深层思维能力，也有一定的探索求知欲，为本节课基于分析光合作用科学史实验来探索光合作用的过程奠定了能力基础。光合作用过程包含了一系列复杂的相互关联的化学反应,仅仅根据资料信息来构建出光反应和暗反应的过程模型是有一定难度的。因此学习过程中,在分析资料提取信息的基础上,教师要引导学生分析寻找各信息之间的关联,从而逐步建构出光合作用过程。

### (三) 设计思路

本节课安排在光合作用的第二课时,是在第一课时学习了光合作用的研究历史和叶绿体及其色素的基础上展开光合作用过程的学习。光合作用由一系列复杂的化学反应构成,理解各化学反应之间的关联是理解光合作用过程的关键。本节课将科学史资料作为载体,学生通过资料分析获取光反应和暗反应的相关信息,并将信息进行整合,最终构建出光合作用的过程。光反应是本节课的难点,教师设置了解谜游戏的活动任务,引导学生以"寻找线索→分析推理→还原过程"的思路(见图1)去解密光反应,激发学生的学习热情,提升学生的科学思维。第二部分为"探索暗反应",学生沿着卡尔文探索暗反应的道路,逐步

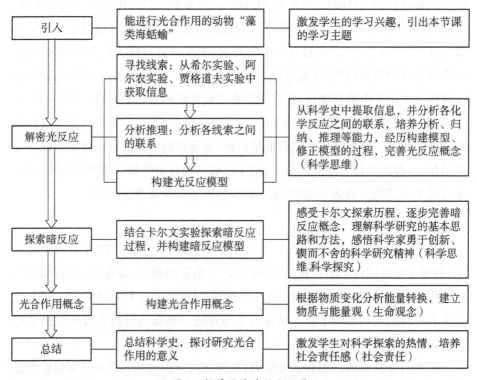

图 1　教学设计过程流程图

获取 $CO_2$ 转变成糖类的信息,从而构建出暗反应的过程。学生在理解光反应和暗反应物质变化的基础上,进一步去分析其中的能量转换,从而构建光合作用的概念,并理解光合作用的实质,初步建立物质和能量观。

## 二、教学目标

(1) 结合光合作用科学史建构光合作用过程模型,培养分析、归纳、推理、建模等科学思维。

(2) 分析光合作用过程中物质变化和能量转换,初步建立物质和能量观。

(3) 经历卡尔文探索暗反应的过程,理解科学研究的思路和方法,培养科学探究能力,学习勇于创新、锲而不舍的科学研究精神。

(4) 探讨研究光合作用的意义,激发学生对科学探究的热情,培养他们的社会责任感。

## 三、重点和难点

(1) 重点:① 基于科学史,构建光反应和暗反应的模型。

　　　　　② 能说明光合作用过程中的物质变化和能量转换。

(2) 难点:基于科学史,构建光反应和暗反应的模型。

## 四、教学准备

PPT、学案、光反应和暗反应模型磁贴

## 五、教学过程

### (一) 情境引入

**教师活动**:展示藻类海蛞蝓的图片,介绍藻类海蛞蝓的"黑科技"——通过进食海藻获取叶绿体,获得光合作用的技能,在一段时间内可以不用进食,仅需通过光合作用来获取养分。提出本节课主题:光合作用过程具体是怎样的? $CO_2$ 和 $H_2O$ 是如何转变成糖类和 $O_2$ 的?

**学生活动**:回顾光合作用相关的基本知识,如原料、产物、场所等,明确本节课学习的主题。

设计意图：引入自然界特殊的案例"能进行光合作用的动物"，激发学生的学习兴趣和好奇心，引出本节课的主题。

**(二) 探究光合作用的过程**

1. 解密光反应

**教师活动**：简要复习叶绿体的结构，介绍叶绿体色素的作用。

**学生活动**：回顾叶绿体的结构，并进一步学习色素的功能。

**【任务1：寻找线索】**

**教师活动**：请学生阅读分析三则科学史资料，获取光反应的相关信息。

资料1：1937年，英国科学家希尔将H受体（如氧化型DCIP）加到叶绿体悬液中，在无$CO_2$的条件下给予光照，发现叶绿体中有$O_2$放出，同时氧化型DCIP接受电子和$H^+$形成还原型DCIP，见图2。

分析：水在光照下被分解产生了哪些产物？

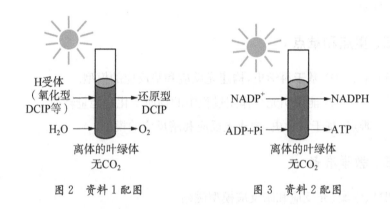

图2　资料1配图　　　　图3　资料2配图

资料2：1954年，美国阿尔农等用离体的叶绿体做实验。在有光和无$CO_2$情况下，当向反应体系中供给ADP、Pi和$NADP^+$（氧化型辅酶Ⅱ，叶绿体中天然的H受体），体系中就会生成ATP和NADPH（还原型辅酶Ⅱ），见图3。

分析：光反应还生成了哪些产物？分别写出反应式。

资料3：1963年，贾格道夫等人在黑暗条件下把离体的叶绿体类囊体置于pH＝4的酸性溶液中平衡一段时间，让类囊体腔的pH下降至4，然后将类囊体转移到pH＝8的缓冲溶液中，立即加入ADP和Pi，一段时间后有ATP产生。见图4。

分析：ADP和Pi合成ATP的能量来自何处？

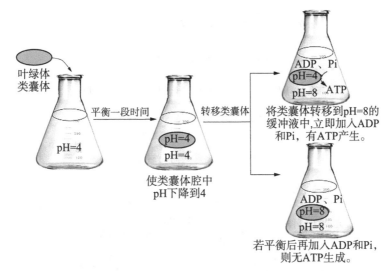

图4 资料3配图

**学生活动:** 学生阅读分析三则资料,通过小组讨论、交流获取以下关键信息:

① $H_2O$ 在光照下被分解产生了 $H^+$、e、$O_2$。

② 光反应还生成了 ATP 和 NADPH。$NADP^+ + H^+ + e \longrightarrow NADPH$；$ADP + Pi + 能量 \rightarrow ATP$。

③ 当类囊体两侧存在 pH 梯度时,ADP 和 Pi 可以合成 ATP,说明 ADP 和 Pi 合成 ATP 的能量来自类囊体两侧的 $H^+$ 浓度差。

**设计意图:** 以希尔实验、阿尔农实验、贾格道夫实验为情境资源,帮助学生通过阅读分析从中获得光反应的相关信息,培养信息提取、分析归纳等科学思维。

**【任务2:分析推理】**

**教师活动:** 教师将光反应相关信息罗列出来,请学生分析各反应之间的联系,见图5。同时给予一定的提示:①e 的去向? ②NADPH 中 $H^+$ 的来源? ③光照下为什么类囊体腔中 pH 比较低?

**学生活动:** 学生通过思考进行回答,在讨论的基础上梳理光反应各线索之间的逻辑关系,在此基础上,教师补充介绍 ATP 合成的化学渗透机制,见图6。

1. 场所：类囊体膜

2. 光能 ——→ 叶绿素a ⟷ 氧化的叶绿素a

3. 水的光解：$H_2O$ ——→ $O_2 + e + H^+$

4. NADPH的合成：$NADP^+ + e + H^+$ ——→ NADPH

5. ATP的合成：ADP+Pi+能量 ——→ ATP
   类囊体膜两侧pH梯度

图 5　光反应之间的联系

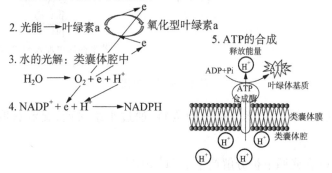

1. 光反应主要场所：类囊体膜

2. 光能 ——→ 叶绿素a ⟷ 氧化型叶绿素a

3. 水的光解：类囊体腔中
   $H_2O$ ——→ $O_2 + e + H^+$

4. $NADP^+ + e + H^+$ ——→ NADPH

5. ATP的合成

图 6　ATP合成的化学渗透机制

**设计意图：**由于光反应过程比较复杂，学生直接依靠任务1获得的信息构建光反应模型有一定难度，因此教师设计了第2个环节"分析推理"，通过问题引导学生理清各化学反应之间的联系，为下一步构建光反应的模型铺设台阶。

**【任务3:还原过程】**

**教师活动:**请学生构建光反应模型(见图7)，说明光反应过程。

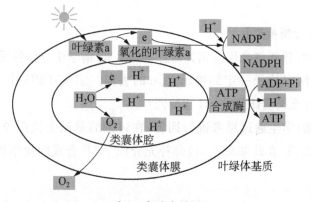

图 7　光反应模型

**学生活动**:小组讨论,画出光反应的过程,并进行交流,同时进一步修正模型,完善光反应概念。

**设计意图**:本节课对于光反应的学习主要通过三个任务来完成:任务1分析资料获取关键信息,任务2分析各信息之间的逻辑关系,在此基础上完成任务3即构建光反应模型,同时通过讨论交流进行修正和完善,学生经历了知识体系的主动建构过程,运用分析与归纳、模型与建模等方法学习光反应过程,科学思维能力在学习过程中得到发展。

2. 探索暗反应

**教师活动**:教师带领学生沿着卡尔文研究的道路探索暗反应。首先简要介绍卡尔文的研究历程,20世纪40年代,美国科学家卡尔文与他的同事们用一种小球藻来研究暗反应过程,经过了近10年的时间,用掉了5吨滤纸,终于弄清了暗反应中二氧化碳转化为糖类的途径。通过"10年""5吨"等具体的数据使学生直观地感受到科学家坚持不懈的科学研究精神。

【提问】卡尔文当时研究的主要问题是$CO_2$是怎样一步一步生成糖类的,如果是你,你会使用什么方法或者技术?

**学生活动**:根据已有的知识基础,学生能回答出使用同位素标记法,用$^{14}C$标记$CO_2$,厘清$CO_2$转化为糖类的路径。

**教师活动**:卡尔文将$^{14}CO_2$通入反应装置,当反应进行到30 s时终止反应,提取分离后发现有多种化合物都带有放射性。

【提问】用什么样的方法可以进一步确认各化合物生成的顺序?

**学生活动**:学生在讨论中获得实验思路,不断地缩短反应时间,分离检测含$^{14}C$化合物的种类,当检测到带有放射性的化合物只有一种时,该化合物即为第一个产物。

**教师活动**:呈现卡尔文的实验结果。

【提问】暗反应中$CO_2$转化生成的第一个产物是什么?

**学生活动**:回答问题,获得第一个重要的信息:暗反应第一个产物是$C_3$,并且根据实验结果初步构建出暗反应物质变化模型,见图8:

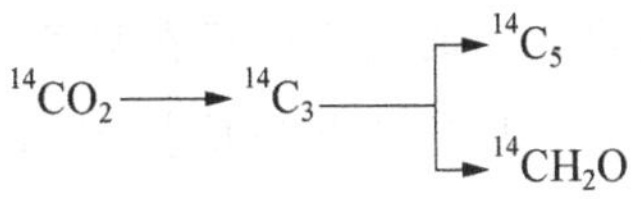

$$^{14}CO_2 \longrightarrow {}^{14}C_3 \begin{array}{l} \longrightarrow {}^{14}C_5 \\ \longrightarrow {}^{14}CH_2O \end{array}$$

图8 暗反应物质变化模型

【提问】卡尔文在研究 $C_3$ 时又发现了新的问题, $C_3$ 中只有 1 个 C 原子带有放射性,另外两个 C 原子并不带有放射性,你认为可能的原因是什么?

**学生活动**:思考并回答, $^{14}CO_2$ 与另外一种不带放射性标记的含碳化合物反应生成了 $C_3$。

**教师活动**:那么, $CO_2$ 受体究竟是哪种物质呢?

【**任务 4:阅读资料,分析问题**】

资料 4:卡尔文等发现,在光照下 $C_3$ 和 $C_5$ 的浓度很快达到饱和并保持稳定。如果光照下停止 $CO_2$ 的供应, $C_5$ 的含量急速升高, $C_3$ 的含量急速降低。当 $CO_2$ 供应充足并停止光照时, $C_3$ 的浓度急速升高, $C_5$ 的浓度急速降低。

分析:① $CO_2$ 的受体是哪种物质? ②ATP 和 NADPH 参与哪一步反应?

**学生活动**:通过小组讨论、交流,确定 $CO_2$ 的受体是 $C_5$ ,光反应产生的 ATP 和 NADPH 参与 $C_3$ 形成 $C_5$ 的过程,从而进一步获取暗反应信息。见图 9、图 10。

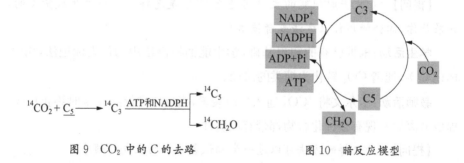

图 9 $CO_2$ 中的 C 的去路　　　　图 10 暗反应模型

【**任务 5:构建暗反应模型**】

**学生活动**:构建暗反应模型,并说明暗反应过程。

**设计意图**:对于暗反应的学习,是以卡尔文实验作为情境,沿着卡尔文研究的道路逐步探索,通过问题链,暗反应的信息被一层一层地揭开,从而构建出暗反应的模型。在探索暗反应的过程中,学生的科学思维能力得到提升,同时,也能够更深刻地理解科学研究的方法和思路,并感受科学家勇于创新、坚持不懈的科学研究精神。

【提问】光反应与暗反应之间的联系体现在哪里?

**学生活动**:思考并回答,光反应为暗反应提供 ATP 和 NADPH,暗反应为光反应提供 ADP、Pi、$NADP^+$。

**设计意图**:在分别构建光反应和暗反应模型(见图11)的基础上,寻找两者之间的联系,从而认识到光反应和暗反应是一个有机的整体,二者相辅相成,缺一不可,最终形成完整的光合作用过程模型。

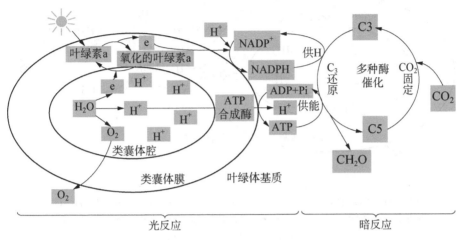

图 11　光反应和暗反应模型

### (三) 总结光合作用的概念,分析物质变化和能量转换

**教师活动**:呈现光合作用过程图。

【提问】这是光合作用过程中的物质变化,那么其中伴随的能量变化又是怎样的呢?

**学生活动**:通过讨论了解光合作用过程中的能量转变过程:通过光反应将光能转化为储存在 ATP 和 NADPH 中的活跃的化学能,再通过暗反应将活跃的化学能转化为储存在糖类等有机物中稳定的化学能。

**设计意图**:根据物质变化分析能量转换,建构光合作用概念,理解光合作用的实质,建立物质和能量观。

### (四) 小结和作业

总结光合作用研究科学史,结合光合作用原理的应用实例和一些最新研究成果,探讨研究光合作用的重要意义。

**作业**:查阅资料,了解关于光合作用的一项研究进展。

**设计意图**:认识科学、技术与社会之间的相互影响,彰显科学研究的价值,激发对科学探索的热情,培养社会责任感。

## 六、板书设计

### 光合作用过程

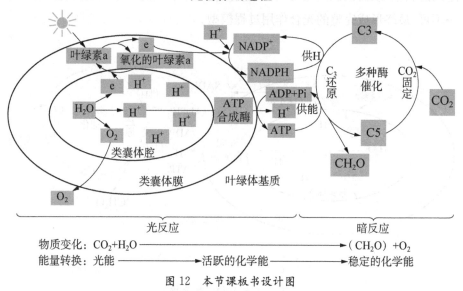

图12　本节课板书设计图

## 七、专家点评

本次课堂展示是对核心素养落实的很好示范,课堂呈现出浓郁的科学气氛。以"解密光反应—探索暗反应"为主线,以光合作用过程科学史分析为主要内容,以构建光反应和暗反应过程模型为反馈组织整节课的教学活动,思路非常明晰。解密光反应阶段的高光时刻有两部分,一是引导学生分析资料得出光反应主要步骤的产物,二是找出各实验结果之间的关联。这样的安排注重学生对学科科学本质的认识和分析、归纳、概括、建模等科学思维的培养,使学生在有限的课堂时间内学到了生物学学科的研究方法(如同位素示踪)和研究结果,并且帮助他们在建模过程中加深对知识的理解。可以说本节课是指向生物学学科核心素养培养的,学生在问题引导下进行了深层学习,课堂教学显得有效又扎实。

# 光合作用的研究历史（第1课时）

复旦大学附属中学　李敏

## 一、设计说明

### （一）教材分析

光合作用是"地球上最重要的化学反应"，为地球上大部分生命提供食物和能源。关于光合作用的研究历经300多年，多次获得诺贝尔奖，但其中仍有许多问题需要探究。本节内容是沪科版《生命科学》教材第一册第四章第二节第1课时，学业水平要求为A级。教材内容以时间轴为线索，分别介绍了光合作用研究史上的经典实验，呈现了光合作用的场所、条件、原料、产物等实验探究过程及结论，以及科学探究的方法和思维过程。同时，也体现出科学家的探究精神及生命科学发展与其他学科的交叉融合。

### （二）学情分析

在初中的生命科学学科学习中，学生已经认识了植物的基本类群和种子植物的形态结构，接触到光合作用这一概念，但对光合作用的具体过程没有深入了解。在高中学习中，学生已了解生物体的物质基础和结构基础，其中有机物糖类及细胞器叶绿体的学习为认识光合作用做铺垫，化学反应类型、酶和ATP的学习有助于学生从微观角度理解光合作用本质，从而理解科学探究的研究思路。

高中生的科学思维发展具有一定的基础，具备初步的发现问题并展开分析的能力，因此，在科学史的学习中，需要注重引导学生参与有意义的科学探究，使其更科学地提出观点并论证自己的观点，条理清晰地表达观点，同时营造注重证据和批判性思维的课堂氛围。

### （三）设计思路

本节课拟采用"论证驱动式的探究学习模型"开展教学，力求培养学生针对某种现象构建合理的科学解释、理解和评价某一科学解释及针对某一问题提出解决办法的能力。论证驱动式探究学习一般可以划分为八个阶段：①提出任务阶段；②收集数据和资料阶段；③构建论证阶段；④论证阶段；⑤研究报告阶段；⑥学生相互评价阶段；⑦改进阶段；⑧讨论反思阶段。在光合作用研究史的学习中，由于课时有限，教师将选择该模型部分环节，重点培养学生针对光合作用这一现象提出合理的科学观点、构建论证并展开论证的科学思维和基于假设设计实验的科学探究能力。

　　课前，以预习学案的形式罗列光合作用相关的科学研究史实，鼓励学生在资料阅读的过程中针对光合作用现象提出自己的观点，并以科学史实为依据初步撰写论证要点。课上，引导学生通过预学案反馈，总结得出论点和论证的评价要点，再进一步使用详细的科学史料，结合科学探究的一般步骤，尝试分析科学现象与实验，理解科学实验设计的道理和实验现象与结论之间的逻辑性，体验寻找证据支持自己观点的过程，从而在课堂中形成崇尚科学的氛围。接着，以小组为单位集中呈现论证的过程，引导学生在探究过程中，学习提出、支持、评价或修正自己的观点，并以清晰简洁的方式呈现最终结果。课后，学生结合史料分析完成关于光合作用的场所、条件、物质变化和能量转换的论证报告，巩固论证探究学习效果。具体过程见图1。

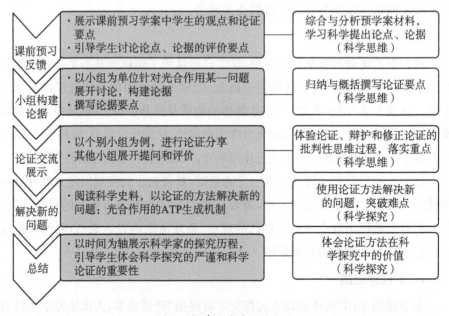

图1　教学设计过程流程图

## 二、教学目标

（1）通过科学史学习，初步了解研究光合作用机制的科学探究思路和方法。

（2）基于科学史实证分析，运用物质与能量观，归纳与概括光合作用的物质变化与能量变化。

（3）针对科学家的假说开展探究活动，以简明清晰的论述展开交流。

## 三、教学重难点

（1）重点：① 根据科学家的论证实验，归纳与概括光合作用的物质变化。

② 运用科学探究的一般思路与方法，探究光合作用的能量变化。

（2）难点：运用科学思维与科学探究的一般方法设计光合作用能量变化的探究实验，提高解决问题的能力。

## 四、教学准备

课前预学案、PPT、科学史料、学案。

## 五、教学过程

| 教学环节 | 教师活动 | 学生活动 | 设计意图 |
| --- | --- | --- | --- |
| 课前预习反馈 | 展示课前预习学案中学生阅读"光合作用探究历史"，查阅资料后写出关于光合作用的论点和论证内容；引导学生分析和比较同学们写出的论点和论证内容，结合论证内容评价单思考：<br>1. 论点的合理性体现在哪些方面？<br>2. 科学的论证内容有哪些评价标准？<br>引导学生总结得出科学论证的评价要点如下：<br>1. 论证观点应指向明确、简洁明了<br>2. 论据能够充分说明论证观点 | 通过分析课前预习学案的作业反馈，思考并总结科学论证的方法，并将评价要点写在学案上 | 通过课前预习反馈，活跃课堂气氛，引导学生学习正确提出观点、合理论证的方法。为下一步小组讨论做准备 |

（续表）

| 教学环节 | 教师活动 | 学生活动 | 设计意图 |
|---|---|---|---|
| | 3. 论点与论据相符<br>4. 论证内容应当逻辑严密<br>5. 论证可从多角度展开 | | |
| 小组构建论据 | 将课前预习学案中学生的不同观点分类整理，归结为光合作用的条件、场所、原料和产物四个观点（撰写板书），以此为分组依据，请各个小组围绕其中一个主题，利用课本资料、老师提供的科学史料展开讨论，尝试提出合理的论点，并结合科学家的探究史和生活经验，写下论证的内容 | 阅读课本、科学史料，在小组讨论的基础上，参照总结得出的评价要点，写下论据要点 | 在课前预习的基础上，引导学生展开论证，通过思维的碰撞，体验构建论据的过程 |
| | 在小组讨论的基础上，教师观察各小组讨论进展，指导各小组进行论证内容的撰写 | 集体呈现论据结果 | 各小组分别讨论再集中呈现论证结果 |
| 论证交流展示 | 邀请3～4个小组代表结合科学家研究历史中的经典实验，分享小组的论证结果，小组内其他成员可进行补充；引导其他小组针对论证内容结合论证评价要点进行点评，具体落实提出合理论点、科学展开论证的科学思维 | 将小组讨论的结果整合后，由小组代表上台交流展示，其他小组的同学参照评价标准进行评价 | 通过论证展示环节，营造注重证据和批判性思维的课堂氛围；通过评价环节，调动学生积极性，并引导学生具体落实科学思维 |
| 解决新的问题 | 问题：光合作用是重要的物质和能量变化过程，有同学在预习时就提出了有关光合作用能量的观点，我们在前面的学习中，也知道了光合作用会产生ATP，那么光合作用的ATP是如何产生的呢？<br>补充资料1：米切尔提出的化学渗透假说。<br>问题：如何设计实验来证明/证伪米切尔的假说？请小组讨论并初步设计实验方案，在班级内交流展示。<br>补充资料2：雅根多夫的类囊体实验。<br>引导学生完善自己的实验方案，结合雅根多夫类囊体实验阐明光合作用中ATP生成机制 | 阅读老师提供的补充资料，在科学家的发现基础之上进行思考和讨论，设计实验方案，并逐步完善 | 将论证的方法应用到解决新的问题上，通过实验设计思路的探讨，体验科学探究的过程 |

（续表）

| 教学环节 | 教师活动 | 学生活动 | 设计意图 |
|---|---|---|---|
| 总结 | 在科学家们孜孜不倦的探索下,我们今天终于对光合作用有了初步的了解。生命科学的探究还在路上,论证的方法、严密的逻辑、清晰的观点都是科学探究不可缺少的素养 | 总结反思科学探究的进程与论证和表达的关系 | 通过总结介绍,引导学生回顾科学探究的历程,培养科学素养 |
| 作业 | 以论证的方法完成光合作用中ATP生成机制的探究内容 | 完成作业 | 进一步巩固习得的论证方法 |

## 六、板书设计

### 光合作用的研究历史

条件:光照

场所:叶绿体

原料:$H_2O$、$CO_2$ ⎫

产物:$O_2$、$(CH_2O)$ ⎬ 物质变化

## 七、专家点评

从这节课的课堂中,我看到了新时代的教师的风采,教师不只是知识的传授者,而且是学生探索道路上的引领者。李老师的课程内容同样是"光合作用的研究历史",但是她打破常规思路,将 ADI 教学模式引入课堂,引领学生们论证光合作用的经典实验,培养学生的科学思维和科学探究能力。这堂课以学生为中心,充分展示了交大附中学子优秀的逻辑思维、语言表达能力,获得了在场观课老师的阵阵掌声。这也体现了一种教育公平。教育公平不应该仅仅是给所有人相同的教育,而是应该因材施教,激发学生的潜力。

# 探究影响光合作用的因素

上海交通大学附属中学　孙秀敏

## 一、设计说明

### （一）教材分析

"探究影响光合作用的因素"是沪科版高中《生命科学》第一册第四章《生命的物质变化和能量变化》中第二节"光合作用"中的教学内容。光合作用是地球上非常重要的化学反应，人类探究光合作用的过程及原理是为了更好地将其应用于农业生产，提高农作物的产量。教材内容的安排上，先介绍了光合作用的研究历史、叶绿体及色素、光合作用的过程，最后落在影响光合作用的因素上。影响光合作用的因素属于光合作用的应用部分，是本节的重点和难点。

### （二）学情分析

本课的授课对象为高一学生，经过前几个实验的学习，他们已初步具备一定的实验探究能力，因此课前安排同学们分组设计探究环境因子对光合作用影响的实验方案，并在课堂交流实施，实验结束后建立模型，以此提高学生的科学思维及科学探究的能力。我们的学生生活在城市，对农作物的生长及粮食危机缺乏直观的认识，通过对学校温室的观察并改进温室设计，将理论与生活实际相联系，帮助学生深刻体会光合作用在提高农作物的产量方面的意义，激发学生在生活实际中寻找生物学知识的兴趣。

### （三）设计思路

课前安排同学们分组设计探究环境因子对光合作用影响的实验方案，并对实验结果做出假设；课堂小组分享"$CO_2$浓度对光合作用的影响"实验方案并用溶解氧传感器实施实验，建立模型并据此讨论提高温室农作物产量的建议，讨论光照等影响光合作用的其他因素并据此交流心中的温室设计方案;课后动手改进学校温室或搭建心中的小型温室,具体设计流程见图1。

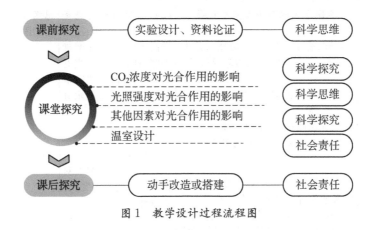

图1　教学设计过程流程图

## 二、教学目标

(1) 说出影响光合作用的因素。

(2) 尝试用传感器进行有关实验和探究,在实验设计和实施中建构理性思维、科学探究能力。

(3) 体验光合作用原理在生产中的应用,感悟光能对地球生命的意义。

## 三、教学重难点

(1)重点:① 影响光合作用的因素的分析及其应用

② "$CO_2$ 浓度对光合作用的影响"实验设计和实施

(2)难点:"$CO_2$ 浓度对光合作用的影响"实验设计和实施

## 四、教学准备

教学 ppt、教师预实验、学生预先分组设计实验。

## 五、教学过程

| 教学环节 | 教师活动 | 学生活动 | 设计意图 |
|---|---|---|---|
| 引入 | 展示本校温室内的圣女果以及学生歌颂圣女果所作诗歌 | (1) 朗诵诗歌,欣赏诗歌。 | 从身边的温室出发,激发学生兴趣; |

（续表）

| 教学环节 | 教师活动 | 学生活动 | 设计意图 |
|---|---|---|---|
| | **渔歌子·咏交中温室圣女果**<br>高一(16)班　郑自迩<br>层叶深青小果红,竹窗曦照入篱中。<br>晨云淡,晚秋浓,和光暗卷漫清风。<br><br>**咏圣女果**<br>高一(16)班　牟秋宇<br>黄花昨夜开,不惧雪霜白。<br>应喜和风至,严冬送果来。 | (2)思考回答提高圣女果产量的措施:适当提高 $CO_2$ 浓度;增加光照时间;白天适当升高温度,夜晚适当降低温度;提供充足的水分 | 思考影响光合作用的因素 |
| $CO_2$ 浓度对光合作用的影响 | (1)问题驱动:根据光合作用过程,思考如何提高圣女果产量?<br>(2)引导小组分享设计的实验方案,并根据实验方案思考问题:①实验设计遵循了哪些原则,具体如何实现? ②实验中的光源是否可以选择白炽灯? 为什么?<br>(3)指导学生使用溶解氧传感器实施实验。<br>(4)师生探讨模型(见图2),据此提出对提高温室中圣女果产量的合理建议。<br><br><br>图2<br><br>(5)小组辩论:为了提高作物产量,无限制地在全球范围内提高 $CO_2$ 浓度,是否合理? | (1)分享" $CO_2$ 浓度对光合作用的影响"的实验设计。<br>(2)通过 $0\%$ NaHCO₃ 组别的设计,实现对照原则,通过三个锥形瓶实现平行重复原则,通过实验条件的控制,实现单一变量原则。<br>(3)为了维持温度的恒定,最好不要用白炽灯,使用冷光源;也可以使用白炽灯,但要设计隔热装置实施实验,并将实验数据填入学案表格(见文末学案)。求各组数据平均值,并用电脑建立模型,通过实验数据,真实感受温室栽培时适当提高 $CO_2$ 的浓度,如:多施有机肥或农家肥;释放一定量的干冰或施"碳铵"(NH₄HCO₃);大田生产"正其行,通其风",可提高 $CO_2$ 浓度 | (1)学生课前设计实验,课堂分享交流并实施,定量地表述实验结果并建立模型,提高课堂学习的有效性,在课堂教学中构建学生学科素养。<br>(2)无限制地在全球范围内提高 $CO_2$ 浓度,会产生"温室效应", $CO_2$ 浓度超过一定限度,甚至会抑制光合作用,用辩证的观点解决问题 |
| 光照强度对光合作用的影响 | (1)请小组根据 $CO_2$ 浓度对光合作用影响的曲线模型,推测光照强度对光合作用影响的曲线模型,并作图(见图3)。 | (1)思考并作图。<br>(2)分析特殊时间点、时间段的意义:光补偿点指植物的光合强度 | (1)据 $CO_2$ 浓度对光合作用的影响曲线,推测光照强度对光合作用的 |

| 教学环节 | 教师活动 | 学生活动 | 设计意图 |
|---|---|---|---|
| | 图3<br><br>(2)展示一天中日照强度与光合速率的关系(见图4),分析夏季中午的"午休"现象,讨论在不同的天气状况下,可采取哪些措施来提高产量?<br><br>一天中日照强度与光合作用速率的关系<br>图4 | 和呼吸强度相等时的光照度值;光饱和点指在一定的光强范围内,植物的光合强度随光照度的上升而增加,当光照度上升到某一数值之后,光合强度不再继续提高时的光照度值。<br>(3)温室种植控制好光强和光照时间,如:阴雨天补充光照,夏天可适当遮光。<br>(4)大田可根据植物对光照的不同要求,通过间作套种搭配农作物,也可通过轮作,延长光合作用时间 | 影响曲线,提高逻辑推理、分析问题的能力。<br>(2)根据植物的生活习性,控制光照强弱,因地制宜种植植物,体验科学思维过程 |
| 影响光合作用的其他因素 | 引导小组分享内因(不同植物、不同部位、叶龄)、温度、水、无机离子等因素对光合作用的影响 | 小组介绍影响光合作用的其他因素及其在农业上的应用 | 小组查阅资料,探究学习,从被动的学习方式向主动获取知识的学习方式的转变 |
| 温室设计方案 | (1)展示粮食危机现状及我校光盘侠活动,引导小组分享温室设计理念及方案。<br>(2)民以食为天,食以粮为先:联合国粮农组织统计显示,2021年,世界76.33亿人口中至少还有8.2亿人面临饥饿,相当于世界上每9人中就有1人挨饿。由于新冠肺炎疫情、国际关系、自然灾害等不稳定因素增加,联合国报告称,世界濒临至少50年来最严重的粮食危机 | (1)小组分享心中的温室设计图(见图5),探究提高作物产量的具体措施:<br><br>图5 | 将理论与生活实际相联系,体验光合作用原理在提高农作物产量方面的意义 |

（续表）

| 教学环节 | 教师活动 | 学生活动 | 设计意图 |
|---|---|---|---|
| | | （2）思考与讨论<br>① 为什么选择鱼与植物共生？<br>② 为什么选择锦鲤？<br>③ 锦鲤养殖的关键点是什么？<br>④ 鱼缸中适合养殖的水生植物特征要求是什么？<br>⑤ 水上边的植物作用是什么？<br>⑥ 卷帘/排风系统的作用是什么？ | |

## 六、板书设计

**探究影响光合作用的因素**

（一）$CO_2$ 浓度对光合作用的影响。

（二）光照强度对光合作用的影响。

（三）影响光合作用的其他因素（内因、温度、水、无机离子等）。

**附** **探究影响光合作用的因素学案**

（一）"$CO_2$ 浓度对光合作用的影响"实验报告

实验名称：＿＿＿＿＿＿＿＿＿＿＿＿＿＿＿＿

实验原理：利用＿＿＿＿＿测量植物叶片光合作用中释放氧气的量，就可以比较精确地了解植物光合作用的强度。

实验材料：黑藻

实验仪器、试剂：溶解氧传感器、计算机、LED 灯、锥形瓶、不同浓度的 $NaHCO_3$

实验方法：

（1）记录溶解氧初始读数（由于时间关系，已请实验老师提前测好，为＿＿＿＿＿＿）。

（2）将装有等量黑藻的锥形瓶放在强度为 12 W 的 LED 灯下照射 6 分钟。

（3）记录不同 $NaHCO_3$ 浓度下溶解氧的读数,并求变化量。

实验记录:

| 组别 | 条件(影响光合作用的因素) | | | $O_2$ 浓度变化 (瓶 1) | $O_2$ 浓度变化 (瓶 2) | $O_2$ 浓度变化 (瓶 3) |
|---|---|---|---|---|---|---|
| | 温度 | 光照 | $NaHCO_3$ 浓度 | | | |
| 1 | 室温 | 12 W | 0% $NaHCO_3$ | | | |
| 2 | | | 1% $NaHCO_3$ | | | |
| 3 | | | 1.5% $NaHCO_3$ | | | |
| 4 | | | 2% $NaHCO_3$ | | | |
| 5 | | | 2.5% $NaHCO_3$ | | | |
| 6 | | | 3% $NaHCO_3$ | | | |

实验结果曲线图:

实验分析与讨论:

（二）光照强度对光合作用的影响

请推测可能的曲线图:

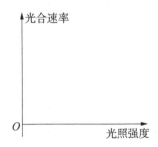

## 七、专家点评

本次课堂展示对落实核心素养进行了很好的示范,洋溢着浓郁的科学气息。科学教育不是仅仅把知识塞到学生脑子里,还要能够激发学生探索科学本质的兴趣,促进他们对科学进行深度思考。讲解知识和经历过程固然都重要,但是经历过过程的记忆会更长久。此外,空中课堂的出现,让我们进一步去思考哪些是需要在课堂上精心讲解的,哪些是互联网资源不可替代的,比如学生与学生的交流、学生与环境的交流、概念的建构过程等。同时,当课堂的边界被模糊后,教师应重新寻求提高课堂效率的有效方法。

# 光合作用的研究历史

上海市同济中学　王丽丽

## 一、设计说明

### （一）教材分析

本节课依据的是上海科学技术出版社高中《生命科学》第一册第四章"生命的物质变化和能量转换"第二节"光合作用"第1课时的内容。教材对应《上海市中学生命科学课程标准》中基础型课程部分"生命的物质变化与能量转换"。本节课展现了历史上一些较为经典的实验,如赫尔蒙特的实验、普里斯特利的实验、英格豪斯的实验、萨克斯的实验、鲁宾和卡门的实验和卡尔文的实验,再现了光合作用的研究历史,同时体现了科学和技术的发展对生命科学研究的推动作用。这部分内容既有利于学生体悟科学探究精神,又有利于培养学生的科学探究能力。

### （二）学情分析

经历初中阶段的学习,学生已经知道了光合作用的概念、原料和产物,但是对几百年前科学家们如何探索发现光合作用的原料、产物、反应条件、氧气的来源及二氧化碳的转化途径等问题不了解。高中学生逐步具有了较强的抽象思维能力,为从微观世界探索光合作用的本质奠定了基础。此外,高一学生以"柳条鱼产仔条件的探究"为例,经历了完整的生命科学探究历程,能运用习得的方法解决生活中的实际问题,具备初步的科学探究素养。在本节课中,学生重走经典之路,经历科学探究的过程,感悟科学探究的精神,养成归纳和概括、演绎和推理的科学思维,并进一步提升科学探究能力。

### （三）设计思路

从真实情景出发,激发学生探索发现光合作用奥秘的热情。基于学情,对光合作用研究历史中的几个经典实验做不同维度的处理:赫尔蒙特的实验凸显科学精神;普里斯特利和英格豪斯的实验着重分析实验、总结结论;萨克斯的实验着重经历科学探究的过程,感悟科学家从选材、实验到结论得出的过程中表现出的严谨的科学思维;鲁宾和卡门的实验着重体现技术对科学研究的推动作用及实验结论得出的方法;卡尔文的实验则通过实验设计进一步提升学生科学探究能力和抽象思维能力,培养他们探索微观世界的勇气。最后从光合作用已有研究成果和研究意义的角度,引导学生关注科学前沿进展。具体过程见图1。

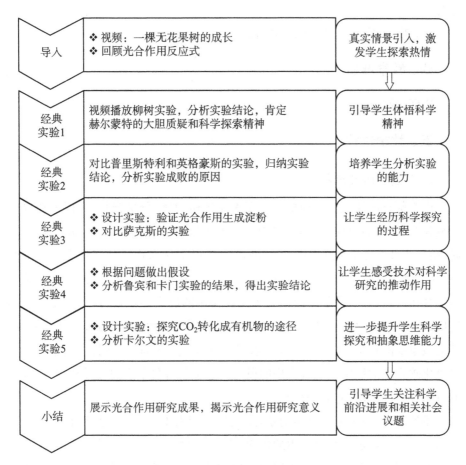

图1 教学设计过程流程图

## 二、教学目标

(1) 通过对多个经典实验的分析讨论,归纳和演绎实验设计的基本过程,体悟科学家严谨、质疑的科学精神。

（2）能够按照生命科学探究的基本步骤与要求设计出探究光合作用的相关实验。

（3）关注光合作用的研究成果及研究意义。

### 三、教学重点和难点

（1）重点：归纳和演绎实验设计的基本过程，体悟科学家严谨、质疑的科学精神。

（2）难点：实验设计的思路和方法。

### 四、教学准备

PPT、教学视频。

### 五、教学过程

#### （一）真实情景导入

以教师自己通过扦插种植的一棵无花果树为例，分享视频《一棵无花果树的成长》。学生通过观看视频，感受到了无花果树的成长的过程。接着提出问题：植物为什么能够长大呢？它从环境中获得了什么物质和能量呢？学生回答：从土壤中吸收了水、无机盐，还有空气和光照的作用。学生已经在初中接触过光合作用，教师引导学生回顾关于光合作用的已有知识，初步写出光合作用反应式：$CO_2 + H_2O \longrightarrow O_2 + (CH_2O)$。这个看似简单的反应式，也被称为"地球上最重要的化学反应"，它为人类生存提供了食物和能源，维持大气中氧气和二氧化碳含量的稳定。光合作用的奥秘一直吸引着科学家们，他们历经几百年的时间，前赴后继地对其进行研究。

**设计意图**：通过引入真实情景，激发学生探索生命奥秘的热情和兴趣。通过回顾初中学习过的光合作用的概念、原料和产物，唤起学生对前概念的印象，引出本节课将要探究的光合作用的原料、产物、反应条件、氧气的来源及二氧化碳的转化途径等问题。

#### （二）光合作用研究历史中的经典实验

基于学情，对光合作用研究历史中的几个经典实验做出不同维度的处理：

经典实验1:引导学生体悟科学精神

播放视频《柳树实验》。提出问题:赫尔蒙特通过柳树实验得出了什么结论?学生回答:植物增重得益于水。继续提问:他的结论准确吗?为什么?学生回答:不够精准,除了水还有空气。赫尔蒙特在1642年进行了柳树实验,该实验虽然简单,却坚持了5年的时间,用科学事实证明了水是光合作用的原料。正是凭借大胆质疑和科学探索精神,赫尔蒙特揭开了光合作用的神秘面纱,拉开了光合作用研究的序幕。

**设计意图**:引导学生体悟科学家的大胆质疑和科学探索精神。

经典实验2:培养学生实验分析能力

此后的100多年间,人们普遍认同赫尔蒙特的实验结论,直到1771年英国化学家普里斯特利在研究空气的组成和作用时设计了一个有趣的实验:将蜡烛和小鼠分别放在密闭的钟罩内,蜡烛熄灭,小鼠死亡;如果在钟罩内各放入一棵植物,则蜡烛继续燃烧,小鼠也不会死亡。提出问题:我们如何来解释这样一个实验结果呢?学生回答:光合作用放出 $O_2$。基于当时的科学背景,普里斯特利猜测:植物能改善污浊的空气。但是,普里斯特利的实验有时候成功,有时候失败,问题出在哪里呢?学生给出不同答案,如小鼠的健康状况、植物的生长情况、有无光照的影响。总之,伟大的化学家普里斯特利是"无心插柳柳成荫",用化学研究助力了生物学发展。而在1779年,荷兰科学家英格豪斯却做了个"有心人",他在普里斯特利实验的基础上经历了500多次重复实验,发现光照是这一实验成功的必要条件,植物只有在光照下才能改善空气。1785年,化学家们发现了空气的组成。明确绿叶在光下放出的气体是 $O_2$,吸收的是 $CO_2$。

**设计意图**:通过对比普里斯特利和英格豪斯的实验,归纳实验结论,分析实验成败的原因。

经典实验3:让学生经历科学探究过程

光合作用需要 $H_2O$ 和 $CO_2$,那么,在释放 $O_2$ 的同时,还会产生哪些物质呢?1845年德国科学家迈尔据能量守恒定律指出,植物在进行光合作用时,会把光能转化成化学能储存起来。而在当时科学家也知道了植物体内的储能物质是淀粉。于是德国植物学家萨克斯预测植物光合作用的产物还有淀粉,并设计了实验进行验证。

如果你是萨克斯,如何验证光合作用的产物除了 $O_2$ 还有淀粉?请与同桌(两个人)进行讨论。根据学生交流回答情况板书:实验材料(植物:生长速度较快,叶片规则);实施实验(控制变量:遮光/曝光);检测产物(碘液)。肯定学生的实验设计,并与萨克斯的经典实验对比。提出问题:为什么选取了"半叶实验"? 学生回答:对照实验。哲学家说过:世界上没有完全相同的两片树叶,因此很难找到生长发育情况完全相同的两片叶子。用"半叶"实验完美地控制了本实验的无关变量,即植物内部酶和色素的量。萨克斯通过遮光和曝光很好地控制了光照这一自变量,同时通过"半叶"控制了无关变量,形成了自身对照。他严谨的思维值得我们学习!

**设计意图**:让学生经历科学探究的过程,感悟科学家从选材、实验到结论得出的过程中表现出的严谨的科学思维。

经典实验4:让学生感悟技术对科学研究的推动作用

科学家们对光合作用的探究到这里好似已经结束了。但是观察反应式,仍有新的疑问存在,如:①反应物 $CO_2$ 和 $H_2O$ 都含有氧元素,那么光合作用释放的 $O_2$ 来自 $CO_2$ 还是 $H_2O$ 呢? ②糖是怎样合成的? 整个反应发生在植物体内,看不见,摸不着怎么办? 接下来的一段时间,光合作用的研究遇到了瓶颈。如果有一种方法可用于追踪植物体内物质的运行和变化规律,将我们看不见的现象显示出来,那这个问题就迎刃而解了。此时有学生会想到"同位素标记法",教师可引导学生阅读课本"广角镜"了解同位素标记法。同位素标记法实验为 $O_2$ 的来源提供了直接证据。提出问题:针对疑问"光合作用释放的 $O_2$ 来自于 $CO_2$ 还是 $H_2O$?",你可以提出什么样的假设呢? 学生回答:①光合作用产生的氧气来源于 $H_2O$;②光合作用产生的氧气来源于 $CO_2$;③光合作用产生的氧气来源于 $H_2O$ 和 $CO_2$。1939 年美国科学家鲁宾和卡门根据提出的假设设计并实施了实验(教材图 4 - 13),请同学们分析实验结果,给出实验结论。学生分析:右图实验结果:$O_2$ 来源于 $H_2O$ 或 $CO_2+H_2O$;左图实验结果:$O_2$ 不是来源于 $CO_2$。实验结论:光合作用产生的氧气来源于 $H_2O$。

**设计意图**:介绍相关的实验技术,有利于激发学生对科学技术发展的关注,感受科学探索和科学技术的发展是相辅相成的。在实验的分析过程中让学生获得实验结论得出的方法。

经典实验5:提升学生科学探究和抽象思维能力

提出问题:糖是如何转化的? $CO_2$ 作为一个简单的无机物,如何转化成复杂的有机物呢? 借鉴鲁宾和卡门的实验选材,请同学们小组(前后 4 人)讨论,设计一个实验方案来探明 $CO_2$ 转化成有机物的途径。学生用同位素来标记,通过控制时间,对中间产物进行分析,就可以知道 $CO_2$ 进入植物后如何一步步转化成有机物。在学生交流实验方案后,教师介绍卡尔文实验的具体过程,并提出问题:①怎样才能按反应顺序找到生成的各种化合物? ②怎么确定第一个生成的化合物是什么? 此处的问题难度较大,教师要根据学情加强引导。同时向学生展示文献资料中处理 5 秒和 60 秒后所检测到的放射性物质。采用科学的研究方法和最新的实验技术,卡尔文一步步揭示出碳的行踪,为此他花费了 9 年时间、5 吨滤纸,还发表了多篇学术文章。卡尔文为揭开光合作用的奥秘开辟了一条新途径,因此在 1961 年荣获诺贝尔化学奖。

**设计意图**:进一步提升学生的科学探究能力和抽象思维能力,培养学生探索微观世界的勇气。

### (三) 小结

三百多年间,科学家们前赴后继、孜孜不倦地致力于光合作用的研究,但是直至今日,我们仍不能说已经完全破解了光合作用的每一个细节。在光合作用的研究中,中国科学家们也作出了重大的贡献。于 1929 年发现了"光色瞬变效应"的殷宏章院士,是中国光合作用研究的先驱。匡廷云院士在 2019 年国际光合作用及氢能研究可持续发展大会上荣获"杰出成就奖"。近年来,我国光合作用研究工作日益得到国际同行的认可。2010 年第十五届国际光合作用大会首次在中国(北京)举行,大会主题是"光合作用的研究——粮食、能源和未来"。的确,对光合作用的研究关乎人类的未来。人类发展面临的粮食、能源、资源、环境等问题的解决都与光合作用有着密切的关系。只有弄清了光合作用的机理,人类才能更好地利用太阳能,以至模拟光合作用人工合成有机物。也许我们每个人都可以从种植一棵植物开始,感受光合作用的神奇,探索光合作用的未知领域。

**设计意图**:引导学生关注科学前沿进展以及与光合作用相关的社会议题。

### (四) 课后作业

设计实验探究光合作用的场所。

## 六、板书设计

$$H_2O + CO_2 \xrightarrow{\text{光}} O_2 + (CH_2O)$$

光能——→化学能

光合作用的研究历史（见图2）：

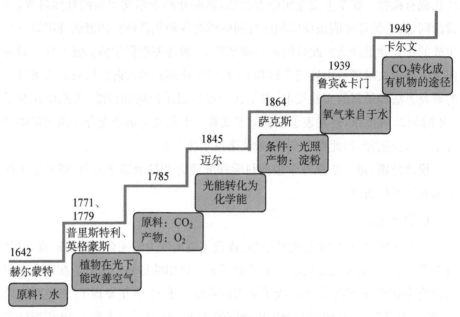

图 2　光合作用研究历史

## 七、专家点评

　　王老师这节课围绕"探索发现"这个主题，通过精心设计，采用合理的教学策略，达到了教学预设的目标。这节课按照时间顺序，从疑问出发，一步一步从经典实验中得出了光合作用的原料、反应条件、产物、物质的来源和转化，并对光合作用发现史中不同科学家实验的特点进行合理的处理，强化了科学探究的基本步骤和基本原则，使学生在活动中不仅收获知识，更提升了科学探究能力。而生活情境的使用，又激发了学生的学习兴趣和热情。

# 光合作用是物质和能量的转换过程

上海理工大学附属中学　王利平

## 一、设计说明

### （一）教材分析

《光合作用是物质和能量的转换过程》是沪科版高中生物学必修1《分子与细胞》第4章《细胞的代谢》第4节的内容。本节课内容学习的具体要求为：利用"科学史话"学习科学家研究光合作用的思路，构建光合作用过程的模式图，归纳概括光合作用中的物质变化与能量转换，建立物质与能量观。本节课主要涉及核心概念2：细胞的生存需要能量和营养物质；重要概念2.2：细胞的功能绝大多数基于化学反应，这些反应发生在细胞的特定区域；次位概念2.2.3：说明植物细胞的叶绿体从太阳光中捕获能量，这些能量在二氧化碳和水转变为糖与氧气的过程中，转换并储存为糖分子中的化学能。本节课的学业要求是从物质与能量视角，探索光合作用，阐明细胞生命活动过程中贯穿的物质与能量的变化（生命观念、科学思维、科学探究）。

本节的主题是"叶绿体将光能转换并储存在糖分子中"，包括叶绿体是植物光合作用场所、光合作用是物质和能量转换过程、光合作用受环境因素影响，以及叶绿体色素的提取分离及其吸收光谱的测定、探究提高光合作用强度的环境条件两个实验。本课是帮助学生建立对生命本质认识的良好载体，是继学生了解细胞呼吸之后，认识生物体内的物质与能量转变的又一个完整的生理过程。教材紧紧围绕叶绿体的特定部位发生的特定反应，强化"结构与功能相适应"的学科观念，通过学习本节课，学生对生命能量的最终来源会有真正的理解，从而进一步形成物质与能量观。只有对光合作用机理有了真正的理解，才能去分析"影响光合作用的因素"，探讨如何在生产实践中采取有效措施来提高光合作用效率。

### (二) 学情分析

高一学生对有机化学还没有系统性接触,化学知识相对薄弱,没有相应的化学知识铺垫,而光合作用过程是发生在叶绿体中一系列的化学反应过程,抽象且深奥。由于之前已经学习过《细胞通过分解有机分子获取能量》,也已初步建立物质与能量观,故教师给学生提供科学家的研究思路、实验数据,让学生尝试提取信息、分析推理、归纳建模,绘制出光反应和碳反应的过程。教学过程注重学习体验和学法指导、启发思路,帮助学生化解难点,注重学生能力培养和生命科学素养的提升。

### (三) 设计思路

光合作用是地球上最重要的物质和能量转换过程,本节课围绕核心问题"植物如何利用 $H_2O$ 和 $CO_2$ 合成糖类、释放氧气? 如何将光能转化成化学能?"展开内容。光合作用发现史中的一系列经典实验是学习本节课的良好材料,教师提供有代表性的科学研究事实来为学生的概念形成提供支撑。在呈现一系列实验现象和实验数据的基础上,设置启发思维的问题链,引导学生提取关键信息、分析现象和数据、找出实验结论之间的联系,构建光合作用的概念模型。学生在较好地理解生物学概念的基础上形成结构与功能观,物质与能量观的生命观念;学生在学习过程中逐步发展科学思维,如基于生物学事实和证据进行归纳与概括、演绎与推理等;在学生对光反应和碳反应的物质变化及对应的能量转化有了深度理解的基础上,以任务驱动,培养学生分析和解决实际问题的能力。整节课既要让学生获得基础的生物学知识,又要让学生在亲历提取信息、分析推理、归纳总结、发现规律等过程中习得生物学知识,期待学生主动地参与学习过程,领悟生物学家在研究过程中所持有的观点以及解决问题的思路和方法。图1是本节课的教学设计过程流程图。

## 二、教学目标

(1) 从资料中提取关键信息、分析现象和数据,构建光反应和碳反应的概念模型,培养分析、归纳、推理、建模等科学思维。

(2) 经历归纳、概括光合作用各阶段的发生条件、场所、物质变化和能量变化,进一步养成结构与功能观、物质与能量观。

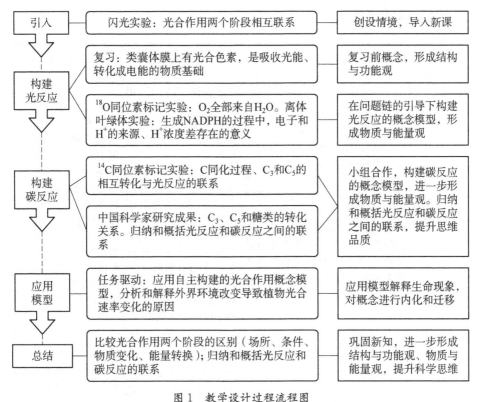

图1 教学设计过程流程图

（3）经历科学探索的过程,理解科学研究的思路和方法,培养科学探究能力,感悟科学家对科学的执着追求和创新精神。

## 三、重点和难点

（1）重点:① 光反应过程中的物质变化与能量转换。

　　　　　② 光反应和碳反应的联系。

（2）难点:碳反应过程的探索与建模。

## 四、教学准备

PPT、学案。

## 五、教学过程

| 教学内容 | 教师活动 | 学生活动 | 设计意图 |
|---|---|---|---|
| 引入"闪光实验" | 教师提供"资料1"闪光实验:20世纪初,科学家研究发现植物在持续黑暗中不能释放 $O_2$,也不能合成糖类。在光暗间隔照射(光照5秒、黑暗5秒,连续交替进行)黑暗时段,植物停止释放 $O_2$,但糖类的合成还在进行。教师提问:如果生成糖类不直接依赖光,为什么持续黑暗始终无糖类生成?(学案见"附1") | 学生分析"资料1",提取有效信息:黑暗时段能够生成糖,但是,反应能够维持的时间很短。学生思考可能的原因并提出观点:黑暗时段生成糖,依赖光照时段的某些产物,一旦这些产物被消耗完,生成糖的反应便停止。理解光合作用有依赖光的阶段(光反应)和不依赖光的阶段(碳反应),两个阶段相互联系 | 学生在初中阶段学习过光合作用,但并不知道植物如何利用 $H_2O$ 和 $CO_2$ 合成糖类、释放氧气,也不知道如何将光能转化成化学能。教师借助前概念,制造认知冲突,激发学生的探究欲望,同时引发新的思考:光反应还有哪些产物?与碳反应有何联系? |
| 光反应的探究与建模(1): $^{18}O$ 同位素标记实验 | 复习:类囊体膜上有光合色素,是吸收光能、转化成电能的物质基础。教师展示类囊体模式图并提问:为什么叶绿体能吸收光能?教师提供"资料2" $^{18}O$ 同位素标记实验:1941年,鲁宾和卡门用小球藻做了三组实验,每一组的 $H_2O$ 和 $CO_2$ 中都含有比例不等的 $^{18}O$,在光照充足的条件下,生成的 $O_2$ 中 $^{18}O_2$ 的比例和 $H_2O$ 中 $^{18}O$ 的比例一致。教师提问:①光合作用生成的 $O_2$ 来自哪种物质?②失去电子的叶绿素a分子如何重获电子? | 学生回忆所学知识,组织语言并说出:叶绿体的类囊体膜上有多种光合色素,能够吸收、传递、转化光能。学生分析"资料2"表格中提供的数据,提取有效信息:生成的 $O_2$ 中 $^{18}O_2$ 的比例和 $H_2O$ 中 $^{18}O$ 的比例一致。学生思考并得出结论:光反应生成的 $O_2$ 来自 $H_2O$,不来自 $CO_2$。失去电子后的叶绿素a分子从类囊体腔内的 $H_2O$ 中夺取电子,失去电子后的 $H_2O$ 分子裂解为 $H^+$ 和 $O_2$ | 教师借助前概念,引导学生理解光合色素是吸收光能、转化成电能的物质基础,有助于形成物质与能量观。学生知道植物通过光合作用吸收 $CO_2$ 并释放 $O_2$,但并不知道 $O_2$ 不来自 $CO_2$。教师通过资料中 $^{18}O$ 的比例制造认知冲突,使学生了解光反应生成的 $O_2$ 全部来自 $H_2O$。同时,产生新的疑问:①叶绿素a分子失去的电子最终与什么物质结合?② $H_2O$ 光解产生的 $H^+$ 去路是什么? |

（续表）

| 教学内容 | 教师活动 | 学生活动 | 设计意图 |
|---|---|---|---|
| 光反应的探究与建模（2）：离体叶绿体实验 | 教师提供"资料3"离体叶绿体实验：1954年，阿尔农在叶绿体稀释液中加入电子受体氧化型辅酶Ⅱ（NADP$^+$），光照后释放出$O_2$，生成还原型辅酶Ⅱ（NADPH）。1963年，贾格道夫用类囊体、ADP和Pi的缓冲溶液进行实验，当类囊体腔的pH＝4，而叶绿体基质的pH＝8时，类囊体膜两侧的pH梯度逐渐减小，同时伴有ATP的生成。<br>教师提问：<br>① 电子在类囊体膜上传递，最终与什么物质结合？产物是？<br>② 还原型辅酶Ⅱ的生成与$O_2$的生成有何关系？<br>③ 合成ATP的直接原因是什么？与$O_2$的生成有何关系？ | 学生分析"资料3"，提取有效信息：氧化型辅酶Ⅱ结合e和H$^+$合成还原型辅酶Ⅱ。当类囊体腔的H$^+$浓度高于叶绿体基质时，ADP和Pi合成ATP。学生思考、分析、推理并得出结论：叶绿素a失去的电子最终与氧化型辅酶Ⅱ结合，并与叶绿体基质中的H$^+$共同生成还原型辅酶Ⅱ。<br>$H_2O$光解产生的H$^+$积累在类囊体腔，顺浓度梯度穿过类囊体膜上的ATP合酶，驱动ATP的形成 | 教师引导学生正确区分氧化叶绿素a夺取的e和氧化型辅酶Ⅱ吸收的e；理解高能e的传递需要类囊体膜作为结构基础；注意到类囊体膜两侧的H$^+$浓度差是通过物质代谢形成，从而借助特定的物质和结构驱动ATP的合成，实现能量的转化。有助于形成结构与功能观、物质与能量观 |
| 光反应的探究与建模（3）：建模与修正 | 教师提供"资料4"线粒体中的电子传递链：驱使H$^+$泵入膜间隙，增加膜两侧H$^+$浓度差。膜间隙的H$^+$通过ATP合酶反流回基质产生势能驱动ATP合成。叶绿体也通过类似的方式合成ATP。教师组织学生自主构建光反应的概念模型 | 学生借助"资料4"回忆所学内容，进行类比和推测：类囊体膜上的某种蛋白质将叶绿体中的H$^+$"泵入"类囊体腔，以维持类囊体膜两侧巨大的H$^+$浓度差，从而保证ATP合成的动力。学生基于自己的结论，借助教材相关内容建立光反应的概念模型，在教师的引导下修正模型 | 学生借助前概念（有氧呼吸中的电子传递链和ATP生成）理解类囊体腔中的H$^+$跨膜和回流对合成ATP和还原型辅酶Ⅱ的意义。学生经历初步建模→深度探究→修正并完善模型的过程，深度理解光反应中物质变化以及能量转换，形成结构与功能观、物质与能量观 |
| 碳反应（卡尔文循环）的探究与建模（1）：$^{14}C$同位素标记实验 | 教师提供"资料5"：$^{14}C$同位素标记实验：1949年，卡尔文往小球藻培养液中通入$^{14}CO_2$后，分别给予不同的光照时间后立即杀死小球藻，用放射显影技术和双向层析法对小球藻细胞中生成的放 | 学生分析表格中提供的数据，提取有效信息：光照时间越短，产物种类越少，某种产物的比例越高。学生分析曲线中$C_3$和 | 教师组织学生小组合作、自主探究，构建碳反应的概念模型。学生展开讨论、分析资料并得出结论，理 |

（续表）

| 教学内容 | 教师活动 | 学生活动 | 设计意图 |
|---|---|---|---|
| | 射性物质进行分析。经过近十年的研究发现,改变光照和$CO_2$供应时,$C_3$和$C_5$的含量呈现特殊的相互转化的关系。<br>教师提问:<br>① 卡尔文为什么要不断地缩短反应时间?<br>② $CO_2$同化后的第一个产物是什么?<br>③ $C_3$和$C_5$的相互转化与光反应有什么联系? | $C_5$的变化特点,提取有效信息:$CO_2$同化成$C_3$的过程不依赖光反应产物。$C_3$转变成$C_5$的过程需要光反应产物(呼应资料1)。学生推测:碳反应可能存在$CO_2+C_5 \rightarrow C_3 \rightarrow$糖类$+C_5$闭环,$C_3$转变成$C_5$的过程需要光反应产物 ATP 和 NADPH 参与 | 解碳反应的实质是C元素同化过程,ATP和 NADPH 中的活跃化学能转化成糖类中的稳定学能。理解两个阶段相对独立却又紧密的联系,进一步形成物质与能量观。通过学习科学家的实验方法,理解科学家的研究思路,感悟科学家的探究精神,从而提升探究能力和思维品质 |
| 碳反应(卡尔文循环)的探究与建模(2):建模与修正 | 教师提供"资料6":科学家发现$C_3$分为两种:$C_3$酸和$C_3$糖,增加 ATP 和 NADPH 会使$C_3$酸减少,$C_3$糖增加。<br>我国科学家在进一步研究中发现:在光照不变的条件下提高光反应中 ATP 的生成效率,碳反应中淀粉等糖类会增加。<br>教师提问:<br>① $C_3$酸和$C_3$糖之间的转化关系是什么?<br>② $C_3$糖、$C_5$和淀粉等糖类的转化关系是什么?<br>教师组织学生补充并完善碳反应的模型,并建议学生进行组间交流,从中获得启发 | 学生分析"资料6"中对实验现象的描述,提取有效信息:$C_3$酸消耗 ATP 和 NADPH 生成$C_3$糖,$C_3$糖消耗 ATP 生成淀粉等糖类。学生结合"资料5"的结论,得出新的结论:$CO_2$与$C_5$结合生成的是$C_3$酸;$C_3$酸消耗 ATP 和 NADPH 转变成$C_3$糖;$C_3$糖进一步消耗 ATP 转变成淀粉等糖类,使活跃化学能转变成储存在淀粉等糖类中的稳定化学能,并再生成$C_5$,重新进入碳同化的循环 | 教师引入中国科学家的研究成果,培养学生的爱国主义情怀。基于资料和问题引导学生补充细节:$CO_2+C_5 \rightarrow C_3$酸$\rightarrow C_3$糖$\rightarrow$糖类$+C_5$,完善碳反应的概念模型,提升探究能力和建模思维 |
| 应用模型解释生命现象 | 某地夏季晴朗的某天,测定甜瓜光合速率(见图2),请尝试分析:①10:00 至 12:00 时光合速率上升的原因;②12:00 至 14:00 时光合速率下降的原因。(提示:光 | 学生思考、讨论、应用模型(见图2)并解释原因:植物在温度适宜时,光照强度增加使光反应加快,提供的 ATP | 学生在合作完成任务的过程中深度理解光合作用的两个阶段既相互促进,也相互制约。建模过程 |

（续表）

| 教学内容 | 教师活动 | 学生活动 | 设计意图 |
|---|---|---|---|
|  | 照增强,温度过高,叶片气孔开度会下降。）<br><br>图2 甜瓜光合速率 | 和NADPH增多使碳反应加快,光合速率提升。而夏季晴朗的中午光照增强、温度过高,气孔开度下降减少蒸腾,导致$CO_2$供应减少,消耗ATP和NADPH减少,提供给光反应的ADP和$NADP^+$不足,制约光反应并导致光合速率下降 | 是学生自主探究、形成概念、提升创造性思维的过程,而应用模型解释生命现象是对概念内化和迁移的过程 |
| 总结 | 教师给出表格框架,组织学生合作完成对本节课重要内容的归纳和总结。<br><br>光反应和碳反应的比较<br><br>图3 光反应和暗反应比较<br><br>教师进一步总结光合作用的实质和意义。 | 学生讨论、思考,回顾本节课所学内容,进行归纳和总结 | 表格框架有助于引导学生巩固新知,归纳和概括光反应和碳反应主要的物质变化、能量转换;有利于学生理解物质代谢与能量代谢的联系,进一步建立结构与功能观、物质与能量观 |
| 课后作业 | 见"附2" | 学生先独立完成,感到困难时可以和同学讨论,或者与老师交流 | 巩固新知,学习用所学知识解释生命现象并进行逻辑表述 |

图2中坐标:

光合速率（$mmol \cdot m^{-2} \cdot s^{-1}$）：10、8、6、4、2

时刻：10:00 12:00 14:00 16:00 18:00

光反应和碳反应的比较表格：

|  |  | 光反应 | 碳反应 |
|---|---|---|---|
| 区别 | 场所 |  |  |
|  | 条件 |  |  |
|  | 物质变化 |  |  |
|  | 能量转换 |  |  |
| 联系 |  |  |  |

## 六、板书设计

### (一) 光反应(见图5)

(1) 场所:类囊体(膜)

(2) 物质代谢:水光解、ATP 和 NADPH 的生成

(3) 能量代谢:光能→活跃化学能

### (二) 碳反应(见图5)

(1) 场所:类囊体(膜)

(2) 物质代谢:$CO_2$ 固定、$C_3$ 还原、$C_5$ 再生

(3) 能量代谢:活跃化学能→稳定化学能

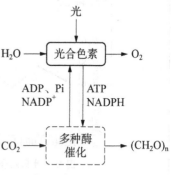

图 4　光反应和碳反应

### (三) 光合作用的实质和意义:

物质方面:(1) 吸收 $CO_2$,制造 $O_2$,净化空气;

　　　　　(2) 无机物→有机物,提供食物来源。

能量方面:光能→有机物中用的稳定化学能,提供主要能源物质。

**附1**　　　　　**光合作用是物质和能量转换过程(学案)**

【资料1】闪光实验

| | 处理 | $O_2$ 释放 | 糖类生成 |
|---|---|---|---|
| 对照组 | 连续黑暗10分钟 | 始终无 | 始终无 |
| 实验组 | 光照5秒后再黑暗处理5秒,连续交替进行20分钟 | 仅光照时段有,黑暗时段无 | 光照和黑暗时段都有 |

请思考:如果生成糖类不直接依赖光,为什么对照组始终无糖类生成?

【资料2】$^{18}O$ 同位素标记实验

1941年鲁宾和卡门用小球藻做了三组实验,每一组的水和 $CO_2$ 中都含有比例不等的 $^{18}O$,结果如下:

| | $CO_2$ 中 $C^{18}O_2$ 的比例 | $H_2O$ 中 $H_2^{18}O$ 的比例 | 生成 $O_2$ 中 $^{18}O_2$ 的比例 |
|---|---|---|---|
| 第一组 | 0.4% | 0.8% | 0.8% |
| 第二组 | 0.5% | 0.2% | 0.2% |
| 第三组 | 0.6% | 0.2% | 0.2% |

请思考：

(1) 光合作用生成的 $O_2$ 来自哪种物质？

(2) 失去电子的叶绿素a如何重获电子？

**【资料3】离体叶绿体实验**

(1) 1954年,科学家在叶绿体稀释液中加入电子受体 $NADP^+$（氧化型辅酶Ⅱ）,光照后释放出 $O_2$,生成NADPH(还原型辅酶Ⅱ)。

(2) 1963年,科学家用类囊体、ADP和Pi的缓冲溶液进行实验,结果如下：

| | 类囊体腔 | 叶绿体基质 | 结果 |
|---|---|---|---|
| 第一组 | pH=4 | pH=4 | 无明显现象 |
| 第二组 | pH=8 | pH=8 | 无明显现象 |
| 第三组 | pH=4 | pH=8 | 有ATP生成 |

请思考：

(1) 电子在类囊体膜上传递,最终与什么物质结合？产物是什么？

(2) 还原型辅酶Ⅱ(NADPH)的生成与 $O_2$ 的生成有何关系？

(3) 合成ATP的直接原因是什么？与 $O_2$ 的生成有何关系？

**【资料4】**线粒体中的电子传递链驱使 $H^+$ 泵入膜间隙,增加内膜两侧 $H^+$ 浓度差。膜间隙的 $H^+$ 通过ATP合酶反流回基质的过程中产生势能驱动ATP合成。叶绿体也通过类似的方式合成ATP。

请尝试：结合之前的结论,构建光反应过程的概念图。

**【资料5】$^{14}C$ 同位素标记实验**

(1) 1949年卡尔文对光合作用进行研究:往小球藻培养液中通入 $^{14}CO_2$

后,分别给予小球藻不同的光照时间后立即杀死小球藻,从培养液中提取产生的放射性物质进行分析。结果如下:

| | 光照时间 | 带 $^{14}C$ 标记的化合物 |
| --- | --- | --- |
| 第一组 | 60 秒 | 100 多种有机物 |
| 第二组 | 20 秒 | 12 种糖类 |
| 第三组 | 2 秒 | 大量 $^{14}C_3$ |
| 第四组 | <1 秒 | 90% 以上都是 $^{14}C_3$ |

　　(2)卡尔文在近十年的研究中发现,改变光照和 $CO_2$ 供应, $C_3$ 和 $C_5$ 的含量呈现特殊的相互转化的关系:

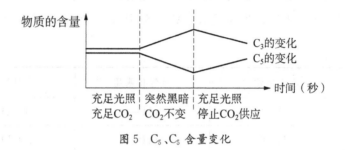

图 5　$C_5$、$C_5$ 含量变化

请思考:

(1)卡尔文为什么要不断地缩短反应时间?

(2) $CO_2$ 同化后的第一个产物是什么?

(3) $C_3$ 和 $C_5$ 的相互转化与光反应有什么联系?

【资料6】随着碳反应研究的深入,科学家发现 $C_3$ 分为两种: $C_3$ 酸和 $C_3$ 糖,增加 ATP 和 NADPH 会使 $C_3$ 酸减少,使 $C_3$ 糖增加。我国科学家在进一步研究中发现:在光照不变的条件下提高光反应中 ATP 的生成效率,碳反应中淀粉等糖类会增加。

请思考:

(1) $C_3$ 酸和 $C_3$ 糖之间的转化关系是什么?

(2) $C_3$ 糖、$C_5$ 和淀粉等糖类的转化关系是什么?

请尝试画出光反应和碳反应的过程:

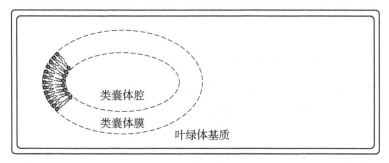

图 6　光反应与碳反应的过程

**附2**　　　　　　　　　　　　**课后作业**

大气 $CO_2$ 浓度升高、全球变暖等气候问题都影响着光合作用,科研人员模拟了 2050 年的大气 $CO_2$ 浓度和温度,研究现实环境(对照)、高温、高 $CO_2$ 浓度、高温且 $CO_2$ 浓度 4 种条件下水稻的净光合速率变化,得到了图 8 所示的结果,图 7 为光合作用过程示意图,字母表示物质,数字表示过程。

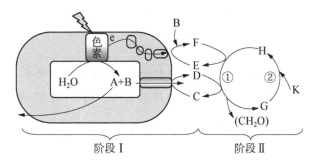

图 7　光合作用过程示意图

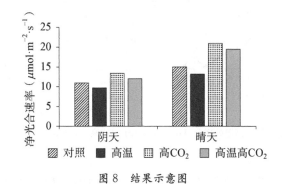

图 8　结果示意图

1. 图 7 中字母 A 表示_____,D 表示_____,G 表示_____,K 表示_____。

2. 阶段 Ⅰ 的能量变化可以描述为_____。

3. 阶段 Ⅱ 包括①、②两个关键步骤,②通常称为_____,如果突然停止植物的光照,则①、②中最先受影响的是_____。

4. 图 1 中的"色素"能从水中夺取 e,对它的描述正确的是_____。

A. 呈黄绿色,吸收红橙光和蓝紫光　　B. 呈黄绿色,只吸收蓝紫光

C. 呈蓝绿色,吸收红橙光和蓝紫光　　D. 呈蓝绿色,只吸收蓝紫光

5. 由图 8 可知,晴天的净光合速率普遍比阴天高,试分析原因:_____

_____

_____。

6. 分析图 8,描述晴天时不同实验处理下水稻净光合速率(光合作用合成有机物与细胞呼吸分解有机物共同作用的结果)的变化,并解释原因。_____

_____

_____

_____。

研究人员进一步研究高温(40℃)和干旱(实验过程不浇水,土壤含水量逐渐由 50% 降低至 15% 左右)对光合作用的影响。图 9、图 10 是部分研究结果(气孔导度指气孔的开放程度)。

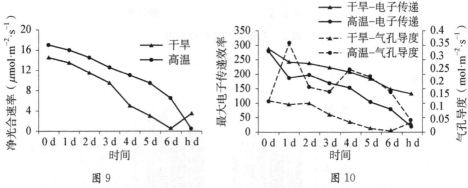

图 9　　　　　　　　　　　图 10

注:图中 0d 表示干旱或高温处理前,1d—6d 表示干旱或高温处理的天数,hd 表示恢复到处理前的条件后再处理 3 天。

7. 据图 9 和图 10 的信息分析,干旱主要影响水稻光合作用的_____(阶段 Ⅰ/阶段 Ⅱ),高温主要影响水稻光合作用的_____(阶段 Ⅰ/阶段 Ⅱ)。

8. 据图10,干旱与高温处理6天后,随即恢复正常环境3天,则干旱影响后的净光合速率相对高温影响后的净光合速率变化,前者恢复较快并上升,其原因是_____

_____

_____

_____

_____。

9. 根据本题信息推断下列叙述正确的是_____(多选)。

A. 与高温相比,干旱处理后水稻光合能力的恢复力较强

B. 干旱处理,气孔导度与净光合速率的变化基本呈正相关

C. 高温处理,气孔导度与净光合速率的变化基本呈正相关

D. 高温处理,水稻的净光合速率持续下降,且难以恢复

## 七、专家点评

本课以经典实验为载体,还原概念的形成过程,通过问题驱动,引领学生在真实的科学发展过程中构建自己头脑中的"光合作用",充分调动学生的探究热情,激发学生的归纳与概括、模型与建模的科学思维,由学生自主构建出光反应过程和碳反应过程的模型,其难度和思维深度与学情符合。

学科概念是学科教学的重点之一,是学生形成学科思维的重要一环,对概念的理解和把握是否到位体现了学科素养的高低。授课过程中,教师更关注生成性问题,及时帮助学生修正光合作用过程的模型,让学生将自己置身于研究的不同阶段,沿着科学家的思路发展,像科学家那样思考,从而切身体会科学研究的发展。

# 叶绿体色素的提取分离及叶绿素含量的测定

上海交通大学附属中学　赵怡姗

## 一、设计说明

### (一) 教材分析

本节实验是高中新教材《生物学》必修 1《分子与细胞》第 4 章第 4 节"叶绿体将光能转换并储存在糖分子中"的探究实验内容。在《普通高中生物学课程标准(2020 年修订版)》中,本节内容对应的次位概念是"说明植物细胞的叶绿体从太阳光中捕获能量,这些能量在二氧化碳和水转变为糖与氧气的过程中,转换并储存为糖分子中的化学能"。在本节实验之前,教材正文介绍了叶绿体色素是捕获植物和转换光能的重要物质,以及不同种类的叶绿体色素及其特性。本节内容要求学生学会提取和分离叶绿体色素,以及测量叶绿素含量的方法。通过本节实验课,能为后续学习光合作用过程中物质变化与能量转换做好铺垫。

生物学是以实验为基础的学科,通过本节课的学习,学生不仅更加了解叶绿体色素存在的场所、脂溶性、吸光特性,学会定性观察和定量测定的方法,还能够通过实际操作和观察分析,既加深对色素的感性认识,同时也能进一步强化定量研究的思想。小组成员通过分工合作、分享与交流,利用掌握的技术手段共同完成一个自己感兴趣,而又基于真实情境的实验探究活动。

### (二) 学情分析

1. 知识基础

本节实验之前学生已经学习了叶绿体中色素的存在场所、吸光特性,同时对校园中的叶色变化也有一定的直观认识,便于他们在生活经验的基础上挖掘出想要探究的实验方向。

2. 能力基础

学生通过之前的实验操练,已具备了使用分光光度计进行物质定量测定的能力,初步建立了定量研究的思想,并且初步具备了将相关实验结果绘制成图表的能力。

3. 障碍点

学生对叶绿体中的色素的脂溶性、层析的原理可能还不太了解,通过本实验可以弥补相关知识。此外,本节实验容量较大,对学生的动手操作能力提出一定的要求。

### (三) 设计思路

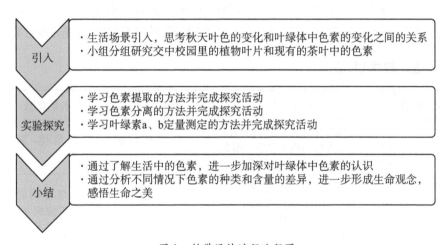

| 引入 | ·生活场景引入,思考秋天叶色的变化和叶绿体中色素的变化之间的关系<br>·小组分组研究交中校园里的植物叶片和现有的茶叶中的色素 |
| --- | --- |
| 实验探究 | ·学习色素提取的方法并完成探究活动<br>·学习色素分离的方法并完成探究活动<br>·学习叶绿素a、b定量测定的方法并完成探究活动 |
| 小结 | ·通过了解生活中的色素,进一步加深对叶绿体中色素的认识<br>·通过分析不同情况下色素的种类和含量的差异,进一步形成生命观念,感悟生命之美 |

图1 教学设计过程流程图

## 二、教学目标

(1) 能够自主进行色素的提取和分离,并解释主要步骤的操作原理和作用。

(2) 根据聚酰胺薄膜分离色素条带的结果,说出叶绿体中色素的种类和颜色,并能解释不同叶片的不同条带结果。

(3) 能使用分光光度计定量测量叶绿素含量,并利用该种方法探究某种叶片中的叶绿素 a、b 的含量。

(4) 通过分析不同叶片色素的种类和含量的差异,更好地理解生命进程、生物结构与功能的关系、生物与环境的关系,并感悟生命之美。

### 三、教学重难点

(1) 重点:① 学会色素的提取、分离和定量测量的方法;

② 知道主要步骤的操作原理和作用。

(2) 难点:能够利用定性分离和定量测量的技术完成实验探究活动。

### 四、教学准备

(1) 教师准备:预实验;预先将学生采集的叶片进行 60℃、24 h 恒温干燥;

(2) 学生准备:预先分组讨论,确定研究课题;预先设计数据录入表。

(3) 材料器具:经干燥处理(60℃,24 h)叶片、不同品类的茶叶、95%乙醇、聚酰胺薄膜、研磨过滤器、层析缸、50 ml 的立式 EP 管、玻璃毛细管、分光光度计等。

### 五、教学过程

| 教学环节 | 教师活动 | 学生活动 | 教学意图 |
|---|---|---|---|
| 引入 | 春有百花秋有叶。秋季,因为有各色的叶片的装点而不逊于春季。那么,叶片颜色变化是什么原因导致的呢? | 结合已有知识进行思考 | 创设情境,激发兴趣 |
| | 展示学生对校园植物叶色的思考。由部分同学联想到茶叶的制备也是经过了烘干的工艺,引出不同小组的研究问题。<br>(1) 校园里同一植物黄色叶片和绿色叶片的色素含量的比较;<br>(2) 不同种类茶叶中色素含量的比较 | 分组,展示小组将要研究的问题 | 学生带着问题进行本实验的学习,既掌握技术,又能够利用技术解决问题,进行小组合作探究 |
| 叶绿体色素的提取 | 播放提前录制的操作视频,介绍色素提取的方法。<br>改进 1:利用研磨过滤器(见图 2),密闭性好,操作简单<br>图 2 研磨过滤器 | 观看操作视频、聆听讲解 | 了解色素提取的基本方法步骤,并理解这些步骤的作用;对生物结构、物质性质有进一步的认识。 |
| | 巡视观察学生使用情况,纠正错误操作 | 进行操作 | |

（续表）

| 教学环节 | 教师活动 | 学生活动 | 教学意图 |
|---|---|---|---|
| 叶绿体色素的分离 | 播放提前录制的操作视频,介绍色素分离的方法。<br>改进2:层析的烧杯改进为层析缸(见图3),自带盖子减少乙醇挥发,还可以一次多组同时层析,减小误差<br><br>图3　层析缸 | 观看操作视频、聆听讲解 | 了解色素分离的基本方法步骤及作用;通过对条带的观察形成对叶绿体中色素的感性认识。 |
| | 巡视观察学生操作结果,并请一到两组学生分享条带结果并讨论推测原因 | 进行点样层析;展示结果并讨论 | |
| 叶绿素含量的测定 | 播放视频,讲解色素稀释的方法 | 观看操作视频 | 了解叶绿素含量的测定方法,并能够利用该方法进行实验探究,从而培养学生科学探究的能力 |
| | 指导学生实施方案,巡视观察学生使用情况,纠正错误操作 | 实施实验,记录数据到电脑上 | |
| | 指导学生分析数据,尝试让学生自己分析数据得出结论 | 上台讲解实验过程,分析结果 | |
| 小结 | 拓展:介绍艾草青团的制作方法,请同学们课下查阅资料,思考制备艾叶汁过程中添加热水和小苏打的意义 | 课上讨论,课下查阅资料 | 联系生活,拓展知识 |
| | 除了叶片,植物的花、果实等往往也呈现出各种各样的颜色,这与植物自身内部的天然色素有关。<br>思考:五色花米饭、凤仙花染指甲、草木染等色素的提取方法和叶绿体中色素提取的方法一致吗? 请查阅资料 | 课上思考,课下查阅资料 | 加深对不同溶解性质的叶绿体色素和细胞液色素的认识 |
| | 小结:在不同环境下叶色的变化,也是一种对环境的适应。不同的植物会表现出不同的体色及花色,从而使大自然呈现出姹紫嫣红的美丽景色,让我们一起感悟生命之美 | 思考感悟 | 加深对生命进程、结构与功能观、生物与环境的关系的理解,感悟生命之美 |
| | 提醒学生进行实验室垃圾分类 | 完成垃圾分类 | 提升社会责任 |

**附** 　　　　　　　　　　　　**部分实验器材说明**

| 名称 | 外观 | 功能 |
| --- | --- | --- |
| 研磨过滤器 | 图 4　研磨过滤器 | 研磨过滤器(见图 4)是一种新型工具,是在研磨材料的过程中同时进行过滤的实验仪器。利用研磨过滤器进行色素的提取,具有密闭性好、快速便捷、材料少、研磨充分、提取效果好等优势 |
| 层析缸 | 图 5　层析缸 | 层析缸(见图 5)自带盖子,可有效减少乙醇的挥发,从而重复利用层析液。此外,部分层析缸内部还有凹槽,可以一次放入多组聚酰胺薄膜,达到同时层析的效果,便于对比观察实验结果,并减小误差 |
| 立式 EP 管<br>(又称平底离心管) | 图 6　立式 EP 管 | 根据叶绿体中色素浓度的不同,可能需要稀释 $10\sim50$ 倍不等。因此普通的 EP 管大小不够,而容量瓶、试管等用来稀释操作也不方便,所以最合适的是体积为 50 ml 的大立式 EP 管(见图 6),成本低,且可以重复利用 |
| 白色粉笔<br>(拓展资料) | 图 7　白色粉笔 | 白色粉笔作为色素分离载体效果也比较明显(见图 7),且具有很强趣味性。但是该方法要求色素提取液本身颜色浓度较高,不然现象会比较不明显。耗时约 10 分钟以上 |

## 六、板书设计

**实验 4 - 3　叶绿体色素的提取分离及叶绿素含量的测定**
一、叶绿体色素的提取——研磨过滤
二、叶绿体色素的分离——层析法
三、叶绿体色素的测定——分光光度法

## 七、专家点评

赵怡姗老师的这节"叶绿体色素的提取分离及叶绿素含量的测定"实验课以实验的材料和仪器为抓手,展开了创新教学。本节课以学生为中心,学生除了采集校园中不同颜色的树叶之外,有的小组还选择了茶叶作为实验材料,充分体现了生活情境在学生学习中的启发和促进作用。仪器的改进保障了学生在 40 分钟的课堂内能够完成定性和定量的研究,使学生能够充分进行科学探究,保留了完整的实验体验。而教师对实验教学的研究和改进又对学生探究意识的培养起到了模范引领作用,也对生物学教学中落实科学探究素养培养提供了一种可实践的改革模式。此外,本节课从学生生活的问题出发,通过实验研究和探索,解决了学生的生物学疑惑,构建起了一个完整的学生学习探究的活动过程,也充分展示了教师对新教材的研读、研判,以及优秀的驾驭能力。

# 叶绿体色素的提取分离及叶绿素含量的测定

上海交通大学附属中学　黄杰

## 一、设计说明

### (一) 教材分析

本实验是上海科学技术出版社《普通高中教科书　生物学》必修1《分子与细胞》第4章第4节探究实验,实验内容包括:①绿色叶片中的色素提取;②叶绿体色素层析分离;③叶绿素含量的测定。本节实验之前,教材正文已经介绍了叶绿体相关色素和各自的吸光特点。本实验目标是提取和分离叶绿体中的色素,并学会测定叶绿素含量的方法。通过实际操作提取色素、测量色素含量,直观、定量地了解叶绿体色素,为之后光合作用过程的学习做好铺垫。

通过本实验的研究,可以进一步让学生感受到生命是由物质组成的,物质是可以定量测量的,从而加深对于生命物质观的理解。

### (二) 学情分析

通过之前的学习,学生已经知道光合作用的场所是叶绿体,了解到叶绿体相关色素和各自的吸光特点。通过蛋白质含量测定实验,学生知道物质吸光度与物质浓度之间存在关系,可以利用此关系,测定物质的含量。但是对于叶绿体色素吸光度和计算方法,学生还不清楚,需要在实验操作之前让学生知道不同色素的吸光度和测定原理。学生接触过分光光度计的使用,对于定量实验不陌生,初步具备了使用分光光度计进行物质定量测定的能力。但学生采集并分析实验数据的能力还有待加强。

本节课的难点是叶绿体色素含量的测定,因此前面的色素提取等实验步骤要尽可能地节约时间。

## （三）设计思路

| |
|---|
| **课前准备** 指导学生烘干菠菜叶、研磨、称量包装 |

| |
|---|
| **引入** 问题引导：叶绿体中的色素提取、分离，含量如何测定？ |

| |
|---|
| **实验探究** 色素的提取——色素的分离——不同色素含量的测定——数据分析 |

| |
|---|
| **小结** 对实验方法、学生课堂表现等进行小结 |

| |
|---|
| **展示实验** 展示色素吸光暗带实验，让学生直观感知叶绿体色素吸光情况 |

图 1　教学设计过程流程图

## 二、教学目标

（1）通过色素分离操作，学会色素分离方法，能解释主要步骤的操作原理。

（2）通过色素含量的测定实验，进一步熟悉分光光度计的使用，掌握定量测量色素的方法，增强采集与分析实验数据的能力，提升科学探究能力。

## 三、教学重难点

（1）重点：叶绿体色素分离和含量的测定

（2）难点：叶绿体色素含量的测定、实验数据的分析

## 四、教学准备

课前分组：4 人一个大组，组内 2 人 1 小组，分为 AB 小组。预习实验：A 小组提前一天烘干叶片、课前完成研磨、称量分装；B 小组练习分光光度计使用、学习 Excel 分析数据方法。全班 42 人分成 10 组，需要：95％乙醇、量筒、注射器、棉花、毛细吸管、聚酰胺薄膜 1 张、50 ml EP 管、烧杯两个、玻璃棒、移液枪 1 把、培养皿 1 套、分光光度计、比色皿。

## 五、教学过程

| 教学内容 | 学生活动 | 教师活动 | 设计意图 |
|---|---|---|---|
| 导入 | 思考叶绿体色素如何提取 | 提问:叶绿体中含有多种色素,那么我们能否将这些色素提取出来? | 激发学生学习兴趣 |
| 叶绿体色素提取 | 向叶片粉末中分次加入酒精搅拌、过滤,获得色素提取液 | 指导学生课前用打磨器(见图2)研磨叶片、称量好粉末。<br>播放视频,介绍色素提取原理和具体实验操作步骤。自制针筒加压过滤器(见图3)<br><br>打磨器　　加压过滤器<br>图2　打磨器　图3　加压过滤器 | 理解色素提取原理、掌握提取方法;自制加压过滤器,操作简单,易上手,快速高效提取色素为后续测量和数据分析节省时间 |
| 叶绿体色素层析分离 | 思考如何将不同色素分离;<br>A组按操作进行色素层析 | 虽然已经提取了色素,但是叶绿体色素有多种,如何将不同色素分离开来呢?<br>播放视频,介绍色素层析原理和具体操作步骤。巡视并及时纠正错误操作。最后请学生分享层析结果(见图4)<br><br>图4　层析结果 | 以小组为单位完成实验,体会探究过程中团队合作的重要性;将传统划线改为画圈,增加实验观赏性和趣味性 |
| 实验:叶绿体色素含量的测定 | (1) 回忆蛋白质含量测定原理,物质吸光度与物质浓度之间存在关系,可以利用此关系,测定物质的含量 | 通过层析,我们可以将不同色素进行分离,但是不同色素的含量如何?我们能否进行定量测量,测出提取液中不同色素的含量?回忆一下先前的蛋白质含量测定。 | 体会探究过程中团队合作的重要性;直观地感知生物体结构与功能关系 |

（续表）

| 教学内容 | 学生活动 | 教师活动 | 设计意图 |
|---|---|---|---|
|  | （2）学习叶绿素测量方法和具体操作步骤。<br>（3）思考类胡萝卜素含量如何测量。<br>B组进行色素含量的测定，A组处理实验数据 | 提问：叶绿体色素能否用类似的方法测量？<br>展示叶绿体色素吸收光谱，介绍叶绿素含量测定方法。借助视频，介绍具体操作步骤。<br>拓展：引导学生思考类胡萝卜素含量如何测量。展示文献资料，介绍类胡萝卜素含量测定方法。类胡萝卜素浓度（mg/l）＝（1 000 $A_{470\,nm}$ － 3.27Ca－104Cb）/229<br>巡视并及时纠正错误操作。<br>指导学生处理实验数据，引导学生思考通过不同色素含量，得出结论 | 学会利用图表分析实验数据 |
| 小结 | 两组共同完成数据分析。<br>通过不同色素含量的比较分析，直观地感知生物体结构与功能的关系，感受生命是物质组成的，物质是可定量测量的，加深对于生命物质观的理解 | 引导学生思考：通过不同色素含量，能够得出什么结论？<br>生物体是由不同物质组成的，物质是切实存在的，不是虚无缥缈的，因此物质是可定量测量的 | 感受生命是由物质组成的，物质是可定量测量的，加深对于生命物质观的理解 |
| 展示实验：色素吸光暗带实验 | 直观感知叶绿体色素吸光情况 | 展示色素吸光暗带实验（见图5） 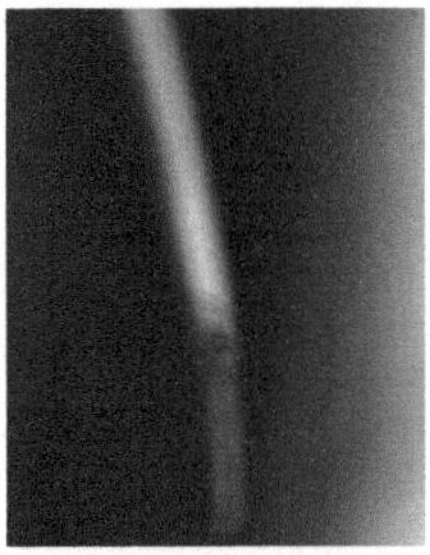<br><br>图5　色素吸光暗带实验 | 直观感知叶绿体色素吸光情况。（若时间紧张则不进行） |
| 总结 | 交流本节课的实验心得。<br>完成实验桌面整理和垃圾分类 | 引导学生交流本次实验带来的收获。<br>提醒学生整理桌面、倾倒废液、进行垃圾分类 | 培养学生良好的实验习惯，提升社会责任感 |

## 六、板书设计

**叶绿体色素的提取分离及叶绿素含量的测定**

一、叶绿体色素提取

溶解、加压过滤

二、叶绿体色素层析分离、含量测定

A组层析、B组测定

三、数据分析、总结

## 七、专家点评

黄杰老师的课对实验方法进行了改进，利用一个小小的针筒加棉花解决了实验中过滤的难题，解决了教学中的难点，大大提升了课堂的效率，具有很好的推广价值。另外，他对延伸问题"叶片中类胡萝卜素的含量测定"进行了拓展研究，既丰富了学生的认识，又丰富了实验的研究内容，并在此过程中很好地体现了交大附中学生的能力和素养。教师抓住了生物学新课堂教学的关键点之一——实验教学。对实验教学的创新，体现了教师良好的教材研读能力、创新能力和实验设计能力，也体现了交大附中生物组新一代年轻教师的风采。

# 探究温度对淀粉酶活性的影响

上海市杨浦高级中学　蔡秋实

## 一、设计说明

### （一）教材分析

"探究·实验4-2　探究温度对淀粉酶活性的影响"是上海科学技术出版社普通高中教科书《生物学》必修1《分子与细胞》第4章"细胞的代谢"第2节"酶催化细胞的化学反应"中的内容。本章内容的主题是"细胞的代谢"，包括第1节"细胞通过质膜与外界进行物质交换"、第2节"酶催化细胞的化学反应"、第3节"细胞通过分解有机分子获取能量"，以及第4节"叶绿体将光能转换并储存在糖分子中"。依据课程标准，本节内容属于模块1分子与细胞中的重要概念2.2"细胞的功能绝大多数基于化学反应，这些反应发生在细胞的特定区域"中的次位概念2.2.1"绝大多数酶是一类催化生化反应的蛋白质，酶活性受到环境因素（如pH和温度等）的影响"的体现和承载。

细胞的功能绝大多数基于化学反应，酶是加快化学反应的催化剂。在细胞代谢的过程中，酶是必不可少的条件之一。本节内容，有助于学生进一步认识酶的本质、酶在生命活动中的作用及其社会应用价值等，也是第3节和第4节学习的基础。本节内容计划3课时，其中课程教学2课时，实验与活动教学1课时。

### （二）学情分析

学生已掌握的知识是教学的起点。学生在初中生物学中了解过人体内消化酶的相关知识，并在本节第1课时和第2课时，通过相关资料的学习和相关实验的探究，知道了酶的化学本质、酶的催化特性，了解了探究·实验4-2的实验方案、实验原理和实验仪器等。另外，在本次探究实验活动之前，学生已经经历过"探究实验 3 - 1　观察叶绿体和细胞质流动""探究实验 4 - 1　观察外界溶液对植物细胞质壁分离和复原的影响"等一系列的探究实验活动,具有一定的科学探究的基本思路和方法,知道实验设计应遵循对照原则和单一变量原则等。同时,学生掌握了分光光度计、移液器等定量测定仪器的使用。这些都为本节课开展基于学情的教学,提供了有力保障。此外,根据教科书配套的《实验与活动部分》可知,这是学生第一次学习撰写完整的实验报告,需要教师给予指导。这份实验报告除了题目以外,主要包括引言、材料器具、实验方法、实验结果、分析和讨论等部分。由于本节课是先实验后讨论,建议学生在实验操作前,先完成实验报告的引言、材料与方法部分,作为实验的预习。

　　本实验实施过程相对复杂,教师可根据班级学生的实验能力,选出小组长,确定每小组的人数及名单,在学生开展小组实验前,引导小组学生合理分工。以小组合作方式组织实施实验,各小组分工协作,共同完成实验方案。在实验前提醒学生注意安全,并建议学生阅读学案中的安全提示,确认阅读了解后请打钩。教师可引导学生根据实验结果,准确表述实验结论,并与实验前的假设进行比较,如果结论与假设不一致,分析可能的原因;如果结论与假设一致,则可以讨论其他问题,如影响实验成功的因素(包括分组情况、控制变量等)、得出的实验结论在酶的应用中有何指导意义等。

### (三) 设计思路

　　基于真实的生活情境提出问题,激发学生的学习兴趣和参与探究实验的主动性,同时引导学生关注生活实际问题的解决,提升社会责任意识。由于不同批次酶制剂的最适温度、活性都可能会有差异,同一批次酶制剂的活性也会因保存时间和条件不同而发生改变,为了能够更好地给予学生指导和帮助,课前教师需要做好预实验,还可以将实验过程拍摄下来制作成微视频,在实验前发给学生进行预习和学习,引导学生进行有准备的实验,避免因操作不熟练导致的实验误差。通过预实验,教师可以总结本实验可能碰到的问题并提出一系列改进方案,设计学案,给出合适的实验记录表等,帮助学生正确记录实验数据,提高本实验课堂教学的有效性;学生通过组内合作,小组间交流,记录分享实验数据并绘制曲线,尝试解释测定的吸光度值与酶活性之间的关系,及温度对酶活性的影响,提高实验探究能力和文字表述能力。最后再引导学生运用所学知识,解决真实情境中的相关生物学问题,促进生物学学科核心素养的落实。

## 二、教学目标

（1）通过本次探究实验的实施和交流，加深对实验原理的理解，使学生学会使用分光光度计，掌握通过定量测定颜色变化来测定淀粉酶活性的方法。

（2）通过小组合作、规范的实验操作，如实地记录实验数据和分析实验结果，巩固探究实验的基本步骤，促进科学探究能力的发展。

（3）基于实验结果绘制曲线图，描述温度对淀粉酶活性影响的规律，建立"酶活性受环境因素（如温度等）影响"的生物学概念。

（4）能够运用本次探究实验所学到的知识和方法，解释日常生活中相应的生物学现象，提高运用科学思维解决相关实际问题的能力。

## 三、教学重难点

（1）重点：明确"探究温度对淀粉酶活性的影响"的实验原理、观测指标和实验步骤，进一步巩固控制变量和设计对照的科学探究方法。

（2）难点："探究温度对淀粉酶活性的影响"的定量测定，实验数据的采集和分析等。

## 四、教学准备

进行多次预实验，总结本实验可能碰到的问题并提出相应的解决方案；拍摄实验步骤，制作相关微视频；课前配制好试剂，分发好材料、设计好学案、选出小组长、引导小组成员合理分工，以及制作课堂教学 PPT 等。

## 五、教学过程

| 教学内容 | 教师活动 | 学生活动 | 设计意图 |
| --- | --- | --- | --- |
| 创设情境，导入新课 | 提问：加酶洗衣粉的洗衣窍门，为什么常常建议"用温水溶液浸泡"？请学生思考其中的原因，设计实验，并做出假设。 | 积极思考，做出假设：温度过高或过低，酶的活性均会下降（依据：大多数酶是蛋白质，高温会使蛋白质变性，低温影响分子运动，导致化学反应速度减慢）。 | 创设真实情境，激发学生参与探究的主动性。 |

（续表）

| 教学内容 | 教师活动 | 学生活动 | 设计意图 |
|---|---|---|---|
| 检查预习，明确目标 | 发放学案并提问：本次探究实验的目标、自变量、因变量和无关变量；实验原理、注意事项等。将教材实验步骤中的文字进行简化，PPT 上随机打乱简化步骤的顺序，让学生进行排序。追问：实验步骤中，加入 5% NaOH 和加入 DNS 后沸水浴的目的分别是什么？实验的分组温度是教师根据预实验的结果进行的选择，与教材有所差异，提醒学生注意 | 思考并完成学案中的相应内容，认真阅读注意事项和安全提示，确认无误后打钩☑。<br><br>实验分为 8 组，每组学生根据实验台上恒温水浴锅的预热温度，明确本次实验的组别和承担的任务（见图1） | 进一步明确本次实验的目标、原理、分工和实验步骤等，以顺利开展实验和提高实验课堂教学的有效性 |
| 分组实验，合作探究 | 教师巡视指导，提醒学生安全操作，及时纠正不规范的实验操作，以减少安全隐患和实验误差等 | 组长统筹分工，一人负责加样，一人负责计时，一人负责使用分光光度计测量，一人负责记录实验数据等。小组成员相互协作配合，共同完成实验 | 明确分配的任务，使学生的参与度更高，巩固定量生物学的研究方法 |
| 提供工具，统计数据 | 提供统计工具，指导学生将本组数据输入 Excel 表格中，自动生成曲线图。曲线以温度为横坐标，以在 540 nm 波长条件下的吸光度值（$OD_{540\,nm}$）为纵坐标 | 小组长将本组实验数据输入 Excel 表格中 | 汇总班级数据，得出温度影响酶活性的曲线图，体会合作交流的重要性 |
| 分析结果，互动交流 | 提出引发学生思考和讨论的一系列问题：测定的吸光度值与淀粉酶活性之间的关系是什么？温度是如何影响淀粉酶活性的？低温和高温对淀粉酶活性的影响是否相同？引导学生根据实验结果，准确表达自己的实验结论，并与实验前的假设进行比较，分析不同的原因 | 分组讨论实验结果，交流回答：根据观察不同温度条件下溶液颜色变化规律，以及分析溶液吸光度随温度变化曲线，可知在一定的温度范围内，酶活性随温度升高而上升；超过最适温度后，酶活性会随温度升高而迅速下降。低温和高温对淀粉酶活性的影响不相同 | 对实验结果的分析，有利于基于科学事实，构建温度对酶活性影响关系的数学模型，提升科学思维能力 |

实验组别表格（嵌于"检查预习，明确目标"学生活动中）：

| 实验编号 | | | | |
|---|---|---|---|---|
| A0 | A1 | A2 | A3 | A4 |
| 室温 | 4℃ | 室温＿＿℃ | 30℃ | 55℃ |
| A5 | A6 | A7 | | A8 |
| 80℃ | 95℃ | 先 0℃ 后 55℃ | | 先 95℃ 后 55℃ |

图1　实验组别

（续表）

| 教学内容 | 教师活动 | 学生活动 | 设计意图 |
|---|---|---|---|
| 联系应用，总结巩固 | 总结本次实验，肯定同学们的表现，并追问："加酶洗衣粉为什么用温水浸泡"，再提供一些与"温度影响酶活性"有关的案例或材料，引发学生进一步的思考，如：绿茶和红茶的制作过程为何选用不同的温度？人感冒发烧时常食欲不佳，原因是什么？布置必做和选做作业（具体参见学案） | 阅读材料，思考回答：新鲜茶叶需高温热蒸处理，原因是使酚酶、脂氧酶、抗坏血酸氧化酶失活，阻止儿茶酚的氧化来保持绿色。红茶的情况正相反，是利用这些酶进行发酵来制备的，应选用这些酶的最适温度来处理。其次人的体温37℃，是人体细胞中酶活性的最适温度。最后明确作业要求 | 引导学生进一步关注得出的实验结论在酶的应用中有何指导意义。布置必做和选做作业，满足不同层次学生的发展需要 |

## 六、板书设计

### 探究·实验 4-2　探究温度对淀粉酶活性的影响

$$淀粉（非还原性糖） \xrightarrow{\text{淀粉酶的催化}} 麦芽糖（还原性糖）$$
　　（减少量）　　　　　　　　　　　　　（增加量）√

解释：酶活性一般通过单位时间内底物的减少量或产物的增加量来表示。淀粉酶催化淀粉（非还原性糖）水解产生麦芽糖（还原性糖），本次实验选用DNS试剂在高温下与还原性糖（即产物的增加量）反应产生颜色变化，来测定温度对淀粉酶活性的影响。

## 七、专家点评

　　蔡老师这节课从学生学情出发，精心设计了探究温度对淀粉酶活性影响的实验课。教师课前做了大量的预实验，对课本实验进行了合理改进，创新意识较强，有效提高了本实验课堂教学的效率。这节课以定量实验设计和实施为支撑，重视对学生科学思维和科学探究能力的培养，组织学生通过实验设计、实施及数据讨论，理解酶的作用机制。

　　蔡老师教态亲切，与学生互动充分，给予学生展示和发表见解的机会，学生在实验探究、互帮互助、师生交流的和谐氛围中突破了教学难点，即实验定量测定、数据的采集和分析，有效落实了教学重点，让学生能明确酶活性测定的实验原理。蔡老师的这节课注重课堂教学中生物学学科核心素养的培养，教学目标达成度很高，是一节不可多得的好课！

# 蛋白质和核酸是重要的生物大分子（第1课时）

上海理工大学附属杨浦少云中学　姜丽

## 一、设计说明

### （一）课标要求

本节为普通高中生物学教科书必修1《分子与细胞》（上海科学技术出版社）第2章《细胞的分子组成》中第2节第1课时内容。对应课程标准具体如下：大概念1"细胞是生物体结构与生命活动的基本单位"；次位概念1.1.6"阐明蛋白质通常由20种氨基酸分子组成，它的功能取决于氨基酸序列及其形成的空间结构，细胞的功能主要由蛋白质完成"。

### （二）教材分析

教材用"蛋白质是生命活动的主要承担者""蛋白质由氨基酸组成""蛋白质的功能与其结构密切相关"三个部分来阐述课标的这一次位概念。其中第一部分结合教材插图2-4举例阐明生物体蛋白质功能多样，细胞的功能主要由蛋白质完成。第二部分结合教材插图2-6不同种氨基酸的结构式和插图2-7氨基酸分子脱水缩合过程示意图，解释氨基酸的结构特点和氨基酸形成肽链的过程。第三部分结合教材插图2-9蛋白质空间结构模型图，帮助学生直观感受蛋白质结构多样性。在教学时，也可以广角镜"蛋白质的空间结构测定"为情境，从测定蛋白质空间结构的方法，强调蛋白质空间结构取决于氨基酸序列，再通过高温、强酸等因素使蛋白质结构变性等案例，说明蛋白质空间结构的改变会导致蛋白质功能发生改变，帮助学生建构次位概念1.1.6。

### （三）学情分析

本次教学的对象是高一的学生。学生处于高中生物学习方法的摸索阶段，又由于缺乏有机化学基础，理解蛋白质结构及多样性较为困难，因此教师在课堂中需关注学生的学习兴趣,在创设真实情境的基础上整合资源,以"胶原蛋白手术缝合线"为情境主线,以利用乐高积木拼接蛋白质为任务主线,引导学生主动探究学习,突破教学难点,逐步发展学生的科学思维。

### (四) 教学设计思路

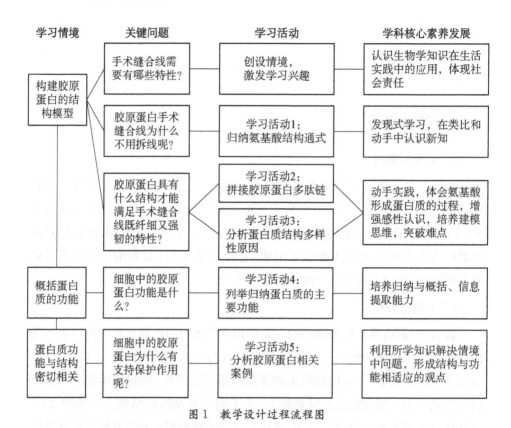

图1　教学设计过程流程图

## 二、教学目标

(1) 通过探讨胶原蛋白手术缝合线的特性,引导学生认识蛋白质的功能及应用,感悟生物学学习的社会价值。

(2) 通过拼接蛋白质的模型建构活动,能概述氨基酸形成蛋白质的过程,并阐明蛋白质具有多样性的原因。

(3) 通过胶原蛋白结构和功能分析,阐明蛋白质的功能与空间结构密切相关,从分子水平感悟结构与功能相适应的生命观念。

（4）通过列举并归纳蛋白质的功能,认同蛋白质是生命活动主要承担者。

## 三、教学重难点

（1）重点:氨基酸的结构通式及特点;多肽的形成过程;蛋白质结构多样性
的原因。
（2）难点:多肽的形成过程;理解蛋白质结构与功能相适应的特点。

## 四、教学准备

改装的乐高积木模型;学生分组。

## 五、教学过程

| 教学环节 | 教师组织 | 学生活动 | 设计意图 |
|---|---|---|---|
| 导入 | 【情境】外科手术缝合图片<br>提问:一根优秀的手术缝合线应该具有哪些优良特性? | 列举手术缝合线特性:纤细、强韧、可吸收 | 从实际生活和医疗技术发展创设情境,引入话题,体现生物学的社会责任 |
| 蛋白质由氨基酸组成 | 【问题1】<br>胶原蛋白手术缝合线为什么可以被人体组织吸收?<br>【问题2】<br>氨基酸组成的胶原蛋白具有怎样的结构才可以满足手术线纤细又强韧的特性?<br>展示胶原蛋白结构形成示意图(见图2),帮助学生理解蛋白质的基本组成单位是氨基酸。<br><br>胶原蛋白<br>氨基酸<br>氨基酸<br>氨基酸<br>图2 胶原蛋白结构形成示意图 | 学生活动1:<br>根据不同种类氨基酸的结构式,尝试写出氨基酸结构通式<br>学生活动2:<br>利用氨基酸乐高积木模型拼接一条肽链。<br>学生活动3:<br>观察、比较各小组模型,归纳总结蛋白质多样性的原因 | （1）发现式学习,拓展学生比较分析的科学思维,利用不完全归纳法,概括得出氨基酸结构通式。<br>（2）动手操作,利用氨基酸乐高积木拼接蛋白质,有层次地认识蛋白质由氨基酸-多肽链-空间结构蛋白质的形成过程,增强感性认识,培养建模思维。<br>（3）落实基于事实归纳规律的科学思维,突破难点 |

（续表）

| 教学环节 | 教师组织 | 学生活动 | 设计意图 |
|---|---|---|---|
| | 播放"氨基酸脱水缩合过程"动画视频,提供代表氨基酸的乐高积木,引导学生尝试拼接一条多肽链,体会脱水缩合反应原理。演示如图3所示:<br><br>图3　脱水缩合反应原理演示<br><br>【问题3】<br>**蛋白质结构多样性的原因有哪些?**<br>(方式:展示各小组拼接模型,教师评价并引导归纳蛋白质多样性的原因:①氨基酸的数目不同;②氨基酸的种类不同;③多肽链的数目不同;④多肽链形成的空间结构不同) | | |
| 蛋白质的功能 | 【问题4】**细胞中的胶原蛋白功能是什么?除此之外,蛋白质还有哪些功能?**<br>总结:生物体几乎每一项生命活动都离不开蛋白质,蛋白质是生命活动的主要承担者 | 学生活动4:<br>归纳总结蛋白质主要功能 | 培育学生对信息归纳总结及表达能力。感悟生物体几乎每一项生命活动都需要蛋白质的参与、执行 |
| 蛋白质的功能与结构密切相关 | 【问题5】<br>**细胞中的胶原蛋白为什么具有支持保护的作用呢?**<br>展示图片,引导学生分析案例。<br><br>图4　皮肤中的胶原蛋白 | 学生活动5:案例分析讨论<br>理解蛋白质功能依赖特定的空间结构,了解蛋白质空间结构和功能的影响因素 | 引导学生关注并解释生活中生命科学现象,科学识别广告语,体会生物学的社会价值 |

（续表）

| 教学环节 | 教师组织 | 学生活动 | 设计意图 |
|---|---|---|---|
| | (1) 看一看:观察年轻与衰老皮肤中胶原蛋白空间结构变化。<br>(2) 说一说:胶原蛋白口服液需要低温保存的原因。<br>(3) 想一想:口服液中的胶原蛋白可以直接补充到皮肤中吗?<br>**总结**:蛋白质功能与结构密切相关,高温、强酸、强碱等一些物理或化学因素会引起蛋白质空间结构发生变化,导致蛋白质的功能受到影响,甚至完全丧失 | | |
| 蛋白质的研究与应用 | 播放视频:蛋白质组学研究与应用 | 观看视频,了解蛋白质的研究与应用 | 引导学生关注生物学知识在改变人类生活中担负的责任 |
| 总结 | 通过板书,引导学生梳理本堂课知识。<br>**总结**:蛋白质不仅是细胞结构的组成物质,也是细胞功能的主要承担者。蛋白质是由氨基酸组成的生物大分子。氨基酸序列决定了蛋白质的结构与功能。任何改变蛋白质结构的因素,都会影响蛋白质的功能 | | |
| 作业 | (1) 经氨基酸自动分析仪测定发现:组成降钙素和胰高血糖素样肽-1(一种降糖药)的氨基酸数目相同,都由 34 个氨基酸组成,但两者的生理功能截然不同。试分析可能的原因。<br>(2) (选做)随着蛋白质折叠研究的深入,人们发现更多疾病的真正病因和蛋白质的结构异常有关,请查阅资料了解相关疾病的致病机理和目前针对性的治疗方法 | | |

## 六、板书设计

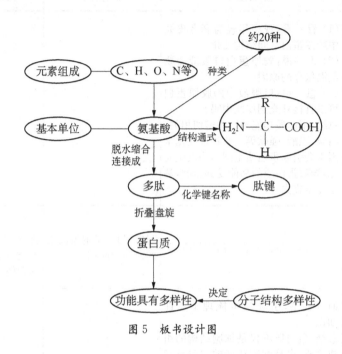

图5　板书设计图

## 七、专家点评

新教材教学中,我们都要思考两个问题:如何利用好情境;如何组织好教学活动。姜丽老师的课给了我们比较好的示范,其中有两个印象最深刻的亮点:第一个亮点是姜老师围绕一个大情境"胶原蛋白手术缝合线",充分发掘和利用情境资源,将教学内容串联起来,把一个情境贯彻到底,始终吸引学生的学习和探究兴趣;第二个亮点是姜老师教学形式多样,有分析归纳、学生建模活动、视频观看,充分调动学生的学习兴趣,活动效果好,学生表达交流参与度高,核心素养达成度高。

# 检测生物组织中的还原糖、脂肪和蛋白质

上海市杨浦高级中学　陈亚汶

## 一、设计说明

### (一) 教材分析

"检测生物组织中的还原糖、脂肪和蛋白质"是上海科学技术出版社普通高中教科书《生物学》必修1《分子与细胞》第2章"细胞的分子组成"第3节的内容。对应课程标准大概念1"细胞是生物体结构与生命活动的基本单位"中的重要概念1.1"细胞由多种多样的分子组成,包括水、无机盐、糖类、脂质、蛋白质和核酸等,其中蛋白质和核酸是两类最重要的生物大分子"。本实验建议1课时完成。

本实验一共分为三部分,分别为已知成分的鉴定、食物样品中的营养成分鉴定以及食物中蛋白质含量的测定。已知成分的鉴定、食物样品中的营养成分鉴定为定性实验,蛋白质含量的测定为定量实验,其中定量实验中又包含了标准曲线的制作和样品蛋白质含量的测定两个部分。

### (二) 学情分析

学生在本节课之前已经学习过蛋白质、糖类以及脂质的内容,基于生活实际能够感知到食物样品中存在以上化学成分;知道通过某些特定的显色反应,可以检测特定化学物质的存在,如利用碘液可以鉴定淀粉;通过化学实验的开展,学生掌握了试剂添加、酒精灯加热等实验操作方法;了解实验探究的基本步骤,具备一定的数据分析能力,能够完成简单的实验设计。在本节实验课之前对学生进行移液器以及分光光度计的使用等实验技能培训,但实际操作并不熟练。通过本节课的学习,学生应能够熟练使用相关仪器设备并理解标准曲线的

意义,利用标准曲线完成蛋白质含量的测定实验。

**（三）设计思路**

以张文宏医生呼吁早餐中一定要有鸡蛋和牛奶为背景,通过展示实物牛奶引出问题,如何证明牛奶中有蛋白质? 蛋白质含量是多少? 通过解答这两个问题,掌握营养成分的检测方法以及蛋白质的定量测定方法;通过完善实验方案的设计,强化控制单一变量的实验设计思路,提升设计实验的科学探究能力;通过小组合作完成实验,小组间分享交流实验结果,提升团队合作能力;以作业的方式引导学生思考如何设计实验检测食物中的营养成分,从而引导学生能够利用所学知识解决生活实际问题,培养学生的社会责任感。

## 二、教学目标

（1）通过已知成分的鉴定实验,掌握检测还原糖、脂肪和蛋白质的方法。

（2）通过蛋白质的定量实验,完成实验数据的采集与分析,体会团队合作的重要性,提升探究能力。

（3）能基于已知成分的鉴定实验,设计实验探究食物中的营养成分,解决生活实际问题,养成关注社会议题的责任意识。

## 三、教学重难点

（1）重点:① 检测还原糖、脂肪和蛋白质的方法。

　　　　② 蛋白质含量的定量测定的方法。

（2）难点:蛋白质含量的定量测定的方法,以及实验数据的采集与分析。

## 四、教学准备

食物样品处理:脱脂牛奶 10 000 r/min 离心 10 min,除去上层油脂后取上清液,加蒸馏水稀释 10 倍备用。

学生培训:移液器和分光光度计的使用方法。

提前利用牛血清蛋白标准溶液制作标准曲线。

## 五、教学过程

| 教学内容 | 教师活动 | 学生活动 | 设计意图 |
|---|---|---|---|
| 导入:<br>创设情境 | 【情境】展示牛奶实物;张文宏医生呼吁,早餐一定要有鸡蛋和牛奶 | | 从生活实际出发,创设情境激发学生学习兴趣 |
| | 【提问】①牛奶中有什么化合物?②证据是什么? | 回答:蛋白质、糖类<br>回答:配方表上有标识 | |
| | 【提问】虽然生活常识告诉我们牛奶中有蛋白质,食物中除了蛋白质还有还原糖、脂肪等营养物质,那我们是否可以通过实验的方式来证明呢? | | |
| 实验:<br>已知成分的鉴定 | 【提问】在实验开始前,请同学们回想,实验探究的原则是什么? | 思考、回答:①设置对照组;②控制单一变量;③设置平行实验 | (1) 通过明确实验探究的原则,引导学生完成对照组的设置,培养科学探究能力。<br>(2) 以小组为单位完成实验,体会探究过程中团队合作的重要性。<br>(3) 能够准确描述实验现象,掌握还原糖、脂肪以及蛋白质的鉴定方法 |
| | 【实验方案完善】请同学们根据控制变量的原则,完善学案表1中对照组的设计。请同学分享填写内容。(后附学案) | 答:对照组 B1 中加入 2 ml 蒸馏水、对照组 B2 中加入 2 ml 蒸馏水、对照组 B3 中加入 2 ml 蒸馏水<br>分小组完成实验,填写实验结论 | |
| | 【实验】请同学们以小组为单位根据学案表1完成实验操作并填写实验结果,巡视并及时纠正错误操作 | 学生以小组为单位,完成实验 | |
| | 【结果交流】请学生分享实验结果 | 答:实验组 A1 中有红黄色沉淀产生,对照组 B1 中无明显现象;实验组 A2 中有橘红色小油滴,对照组 B2 中无明显现象;实验组 A3 中溶液变为紫色,对照组 B3 中无明显变化 | |

（续表）

| 教学内容 | 教师活动 | 学生活动 | 设计意图 |
|---|---|---|---|
| 食物样品液中蛋白质含量测定 | 【提问】通过显色反应可以鉴定特定的化学物质,能否进一步知道物质的含量呢?以蛋白质为例学习物质的定量检测方法 | | |
| | 【讲解蛋白质含量测定的方法】实验室中常利用分光光度法测定蛋白质的含量。该方法需要用到分光光度计,分光光度计可以对颜色变化进行定量分析。蛋白质浓度越大,与双缩脲试剂反应后紫色越深,则测得的吸光度也就越大。那究竟怎么进行测量呢? 实验分为以下三个步骤:分别是测定样品的吸光值,随后代入标准曲线公式进行计算,最后计算各样品的实际含量。老师已经事先利用已知浓度的牛血清蛋白溶液为大家制作好了标准曲线,以图片和公式的形式展示在大家的学案中。那么我们该如何使用标准曲线呢?<br>展示标准曲线(见图1),讲解标准曲线的意义:<br><br>图1 标准曲线图<br>实验测得样品吸光度值 A,根据标准曲线可计算样品溶液中蛋白质浓度 c(mg/ml) | 聆听 | 掌握蛋白质含量测定的方法,了解制作标准曲线的意义 |
| | 【实验方案完善】在实验开始前,请同学们依据控制变量的原则完成对照组的设计,并填写在学案的表2中。稍后请同学分享交流 | 分享:回答①加入 1 ml 蒸馏水和 4 ml 双缩脲试剂;回答②加入 1 ml 蒸馏水;回答③加入 5 ml 蒸馏水 | 通过完善实验方案,加强控制变量的意识,提升科学探究的能力 |

（续表）

| 教学内容 | 教师活动 | 学生活动 | 设计意图 |
|---|---|---|---|
| | 【生生互评】同学们对对照组的设计有不同方案,请同学们思考并讨论究竟哪种方案更合理呢? 为什么? | 答:应加入 1 ml 蒸馏水和 4 ml 双缩脲试剂;因为双缩脲试剂有颜色,可能会对吸光值的测量带来误差 | 通过生生互评,学生之间相互督促,共同探讨更合适的实验方案,激发学习兴趣 |
| | 【评价】通过前面蛋白质的鉴定实验,同学们已经敏锐地发现了双缩脲试剂呈蓝色,可能对吸光度的测量带来干扰,大家能够严格地控制变量,非常好! | | 及时地正面评价,增强学习积极性 |
| | 【提问】那么请大家再观察表2(见学案),思考为什么要设计3组完全一样的实验呢? | 答:重复实验,减小实验误差 | 强化设计重复实验的重要性,提升科学探究能力 |
| | 【实验】请同学们以小组为单位,分别选择待测溶液样品(待测溶液中牛奶浓度不同),完成吸光度的测定,如实记录实验数据 | 完成实验,如实记录实验数据,积极分享实验结果 | 学会蛋白质含量的测定方法,记录并分析数据,发展科学思维 |
| | 【误差分析】我们今天一共为大家准备了3种样品进行测量,从数据上来看,虽然大家选择的是相同的样品,但是测量的数据却有所差异,请大家反思自己的实验过程,思考可能导致误差的原因并改进 | 答:①实验过程中移液器的使用不当导致滴加样品体积有误差;②实验过程中试剂没有充分混匀;③使用分光光度计过程中操作不当 | 通过误差分析,反思实验过程,改进实验方案,培养严谨务实的科学探究精神 |
| 小结 | 利用分光光度法不仅可以测量蛋白质的含量,还可以测量还原糖等其他物质的含量;除了分光光度法以外,还有其他测定蛋白质含量的方法。感兴趣的同学可以回家查阅相关方法、设计实验,并到实验室中完成相关测定工作 | 聆听 | 了解定量实验方法的多样性,激发学生主动探索求知的欲望 |
| 作业:实验方案设计 | 根据已知成分的鉴定实验方案,自行选择待测样品,设计实验探究样品中是否含有还原糖、脂肪以及蛋白质 | | 反馈学生对物质定性检测方法的掌握情况 |

## 六、板书设计

### 实验 2－1:检测生物组织中的还原糖、脂肪和蛋白质

已知成分的鉴定

| 鉴定成分 | 鉴定试剂 | 实验现象 |
| --- | --- | --- |
| 还原糖 | 班氏试剂 | 黄红色沉淀 |
| 脂肪 | 苏丹Ⅳ染色 | 橘红色小油滴 |
| 蛋白质 | 双缩脲试剂 | 紫色 |

食物样品液中蛋白质含量的测定

方法:分光光度计法

**附学案** 检测生物组织中的还原糖、脂肪和蛋白质实验报告

报告人_____ 实验日期_____

实验原理

还原糖中的醛基与班氏试剂中的 $Cu^{2+}$ 反应,加热后会出现_____;脂肪遇苏丹Ⅳ后会呈_____。蛋白质遇双缩脲试剂后会呈_____。蛋白质浓度越大,颜色变化越明显。可利用分光光度计对颜色变化进行定量分析。

实验步骤

1. 已知成分的鉴定

表1 已知成分鉴定结果

| 成分 | 组别 | 试剂添加 | 操作要点 | 实验现象 |
| --- | --- | --- | --- | --- |
| 还原糖 | 实验组 A1 | 2 ml 葡萄糖溶液＋1 ml 班氏试剂 | 摇匀加热至沸腾 | |
| | 对照组 B1 | 2 ml( )＋1 ml 班氏试剂 | | |
| 脂肪 | 实验组 A2 | 2 ml 植物油＋3—5 滴苏丹Ⅳ染液 | 振荡至不再发生变化 | |
| | 对照组 B2 | 2 ml( )＋3—5 滴苏丹Ⅳ染液 | | |
| 蛋白质 | 实验组 A3 | 2 ml 牛血清溶液＋2 ml 双缩脲试剂 | 摇匀 | |
| | 对照组 B3 | 2 ml( )＋2 ml 双缩脲试剂 | | |

2. 食物样品液中蛋白质含量测定（样品已稀释10倍）

本小组选取的食物样品是＿＿＿＿＿＿＿＿＿＿＿＿＿。

**表2 蛋白质含量的测定结果记录**

| 组别 | 试剂添加 | OD$_{540}$ | |
|------|---------|------|------|
| 实验组 | 1 ml待测样品＋4 ml 双缩脲试剂 | 1 | |
| | | 2 | |
| | | 3 | |
| | | 平均值 | |
| 对照组 | | 0 | |

标准曲线：

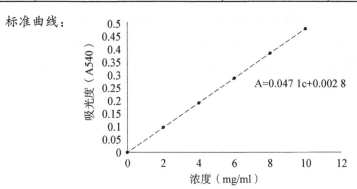

$$A=0.047\,1c+0.002\,8$$

根据标准曲线得出样品稀释液中的蛋白质浓度为＿＿＿＿＿＿＿mg/ml；

样品液中蛋白质含量为＿＿＿＿＿＿＿mg/ml。

3. 分析讨论

误差分析：＿＿＿＿＿＿＿＿＿＿＿＿＿＿＿＿＿＿＿＿＿＿＿＿＿＿＿

＿＿＿＿＿＿＿＿＿＿＿＿＿＿＿＿＿＿＿＿＿＿＿＿＿＿＿＿＿＿＿＿＿＿

4. 作业

设计实验：探究食物样品中的营养成分

**表3 探究食物样品中的营养成分实验方案**

| 小组样品 | | | | | | |
|---------|---|---|---|---|---|---|
| 检测对象 | | | | | | |
| 组别 | 实验组 | 对照组 | 实验组 | 对照组 | 实验组 | 对照组 |
| 试剂添加 | | | | | | |

## 七、专家点评

这节课的容量非常大,对学生的操作要求较高。本节实验课有两个亮点:一是引导学生完成实验方案的设计。生物学是一门基于实验的学科,现今社会的发展要求学生不仅仅会做题,更要能够解决生活中的实际问题。核心素养中同样指出,要培养学生观察、提问、实验设计、方案实施等能力。基于高一学生只大概掌握了设计实验的基本原则这一学情,陈老师引导学生通过填空等方式,强化了控制变量、设计重复实验的实验设计原则,为今后引导学生独立设计实验方案作了较好的铺垫。二是课堂节奏合适。这节课的容量较大,陈老师很好地示范了如何在有限的时间里面完成课标中要求的学习任务。我们可以看到陈老师将食物样品中营养成分的鉴定这一部分实验巧妙地放到了课后作业这一环节,这既节省了课堂时间,同时也能够通过作业的方式反馈学生对于相关知识点的掌握程度。本节课对于我们后续实验课程的开展具有较大的示范作用。

# 细胞由质膜包裹(第1课时)

上海市民星中学　余付蓉

## 一、设计说明

### (一) 教材分析

本节为普通高中教科书必修1《分子与细胞》(上海科学技术出版社)第3章《细胞的结构》中第1节内容。对应课程标准大概念1"细胞是生物体结构与功能的基本单位"中次位概念"概述细胞都由质膜包裹,质膜将细胞与其生活环境分开,能控制物质进出,并参与细胞间的信息交流",其涉及的学习目标包括"(1)概述细胞质膜的主要功能""(2)从结构与功能相适应的角度,解释质膜的结构特征"。目标(1)为知识识记要求,是认识结构与功能关系的基础(学业水平要求1);目标(2)包含了建构生命观念(结构与功能观)的要求(学业水平要求2),也包含了科学思维的要求,需要结合流动镶嵌模型,分析解释质膜的分子组成及结构特点,归纳出质膜的分子组成与质膜功能的关系(学业水平要求2)。本节内容建议1课时完成。教材从分析不同生物体中质膜的主要成分及其质量百分比的"课前活动"导入新课,用"质膜主要由磷脂和蛋白质组成""质膜参与细胞的物质交换和信息交流"两个部分来阐述课标的次位概念。其中第一部分分为结合"课前活动"概述质膜的组成成分和阐明质膜结构特点。第二部分结合具体案例说明质膜参与细胞的物质交换和信息交流。本节是学习细胞结构和功能的开端,又为后续章节细胞核、细胞器等细胞各结构之间能相互分工合作、协调一致共同完成细胞的各项生理活动的学习奠定了基础,对第2章"细胞的分子组成"中的知识起着深化、拓展和巩固的重要作用,对第4章"细胞的代谢"中细胞与外界进行物质交换的方式、结构与功能相适应的观点以及后续分册中的神经和体液调节、免疫应答等内容具有重要的引领和铺垫作用。

（二）学情分析

基于初中的学习和必修 1 前两章的学习,学生已具备细胞的基本结构、糖、磷脂、蛋白质等与本节课相关联的知识基础,对本节课所涉及细胞膜成分和结构方面的学习更加容易理解与接受。

高一新生对质膜别称——细胞膜的结构有所了解,但是,学生的抽象思维能力尚不足,归纳和概括、逻辑及推理等科学思维水平也有待提升,对于理解微观而复杂的细胞间信息交流以及质膜对生命系统的重要意义会存在一定的困难。因此,教师在进行教学设计时需要结合创设真实情境、进行恰当类比、动画演示等手段帮助学生关联具体和抽象的事物。同时教师可以借助图文资料、引导学生进行模型搭建、解决相关问题串等,帮助学生发展科学思维水平。

（三）设计思路

"质膜的成分及功能"需要学生从微观的视角来理解生命的结构与功能观,对于学生来说是比较抽象的,将微观内容显性化尤为重要。

在教学设计时,教师通过"防护服"类比、蛋黄膜触摸让学生认识到细胞膜的真实存在;通过图表分析得知质膜的部分成分,将部分成分进行模型搭建,化抽象知识为直观模型,构建质膜结构,培养学生分析推理与实际操作的能力;结合启发性问题串、图文资料引导学生认识质膜具有保护、控制物质进出的功能;结合情境、图文分析进一步认识质膜的信息交流功能,并完善质膜组成成分及"流动镶嵌模型",理解质膜对于细胞生命活动的重要意义,形成结构与功能相适应的生命观念。

## 二、教学目标

（1）简述质膜的组成成分,阐释质膜所具有的结构和功能的关系,形成生命观念中的结构与功能观。

（2）通过探究质膜的结构,构建并完善质膜"流动镶嵌模型",发展"模型与建模"的科学思维。

（3）通过探究质膜结构和功能的学习,对科学探究的过程产生更深的认识,提高科学探究能力。

（4）通过对质膜结构与功能的学习,认同质膜对于细胞生命活动的重要意义。

## 三、教学重难点

(1) 重点:质膜的结构与功能。
(2) 难点:质膜的功能及其对于细胞这个生命系统的重要意义。

## 四、教学准备

PPT 课件、大小海绵球、海绵粉扑、牙签。

## 五、教学过程

| 教学内容 | 教师活动 | 学生活动 | 设计意图 |
|---|---|---|---|
| 导入 | 【情境1】图片展示抗疫期间医护人员身穿防护服进行新冠病毒攻坚战<br>【提问】①防护服的作用是什么?②如果病毒侵入人体会感染组织细胞,那细胞是否具有类似防护服的结构首先抵御病毒的侵害? | 看图类比、常识推测:细胞最外面可能存在一层"边界"来保护细胞内部的稳定 | 通过疫情防控引导学生快速进入学习情境,激发学习动力,联系生活积极思考,将防护服与细胞中的某种结构联系起来,从而联想到细胞可能也有"防护服"的存在;再利用鸡蛋实验现象验证假设——细胞确实存在"防护服",即质膜,也叫细胞膜,对整个细胞的稳定起到非常重要的作用,从而激起学生对质膜探究的兴趣 |
| | 【演示实验】选取未受精的鸡蛋为实验材料,教师将一个鸡蛋打碎并分离出蛋黄,说明未受精的鸡蛋卵黄即为卵细胞,邀请部分学生触摸。<br>【提问】蛋黄在培养皿中为何不向四处散开? | 观察、体验、感受质膜的存在和它的弹性 | |
| 质膜成分 | 【过渡】通过类比以及观察实验现象,学生已经认识到质膜的存在对于生命系统来说意义重大。但想要进一步地了解膜,需要探究质膜的结构和功能。成分又是结构的基础,从而引出不同生物细胞质膜的成分。<br>【情境2】用表格展示部分生物细胞质膜的主要成分。<br>【提问】①不同生物的细胞质膜组成成分有何共同特点?②各成分含量有何特点? | 分析表格,比较、归纳和概括得出结论:①不同生物细胞质膜主要含有蛋白质、磷脂。②部分生物细胞质膜含有少量固醇 | 通过列表比较认识不同生物细胞质膜成分的异同点,提升学生归纳与概括的科学思维 |

（续表）

| 教学内容 | 教师活动 | 学生活动 | 设计意图 |
|---|---|---|---|
| 质膜结构 | 【过渡】磷脂和蛋白质等成分是如何组成细胞质膜的？磷脂和蛋白质的位置关系又是怎样的？<br>【情境3】回顾磷脂分子结构及其在水溶液中的排布方式。<br>【提问】细胞内外均是溶液，也就是"水—水"的环境。在这种情况下，你还记得组成质膜的磷脂是怎样排布的吗？要求学生利用材料合作搭建。<br>教师总结：同学们搭建的磷脂双分子层构成了质膜的基本骨架 | 小组合作搭建质膜基本骨架——磷脂双分子层 | 通过问题启发、资料分析，引导学生进行模型搭建，结合动画让学生认识质膜的"流动镶嵌模型"，同时将微观结构显性化。通过由浅入深、循序渐进、合作建模的教学方式培养学生的科学思维，锻炼学生的空间想象能力和动手操作能力，让学生通过这种直观的方式更深刻地认识质膜的结构 |
| | 【情境4】图片资料展示一种新的电子显微技术——冰冻蚀刻电子显微法。即物理学家在低温下将细胞膜切开，升温后暴露两层磷脂之间的断裂面。<br>【提问】蛋白质在生物膜中的分布有哪几种情况？引导学生在"磷脂双分子层"中合理排列"蛋白质分子" | 分析推理、小组合作搭建蛋白质和磷脂的位置关系 | |
| | 【过渡】我们搭建的物理模型是静态的，那么质膜结构是静态的吗？<br>【动画播放】模拟科学家弗雷（Frye）和埃迪登（Edidin）探究质膜结构特点的实验：用红色和绿色荧光染料分别标记人细胞和小鼠细胞的膜蛋白，将它们一起培养，然后使其融合，融合后的细胞刚开始一半发红色荧光，一半发绿色荧光，经过37℃、40 min后变为均匀分布。<br>【提问】这个实验证明了什么？<br>【小结】各成分的"流动"状态 | 分析、认识质膜的结构特点，插入固醇于磷脂分子之间 | |

（续表）

| 教学内容 | 教师活动 | 学生活动 | 设计意图 |
|---|---|---|---|
| 质膜功能 | 【情境5】让一个学生用牙签戳破蛋黄,蛋黄里面的液体流出,以此类比质膜的作用,再类比国家、城市的边界。<br>【提问】若没有这个边界,对细胞有什么影响,对国家、城市有什么影响? | 思考、回答 | 创设情境5:戳破蛋黄膜过程直观类比质膜作用,同时将细胞与国家、城市的边界作类比,学生就能很容易理解质膜功能1:可将细胞与外界环境分隔开,保障了细胞内部环境的相对稳定。同时认同疫情下"非必要不出境""非必要不离沪"的重要性 |
| | 【过渡】细胞质膜将细胞与外界环境分隔开,那么细胞就是一个完全密封的系统吗?<br>【情境6】展示两张图片。<br>图片1:生活在水中的单细胞生物草履虫。<br>图片2:"出淤泥而不染"的莲花。<br>【提问】①生活在水中的单细胞生物草履虫是如何生存的?(从水中吸收营养物质,向水中排出代谢废物,即细胞要和外界进行物质交换)。②根据赞美莲藕洁身自好的高贵品质的诗句,说明为什么淤泥没有进入莲花中?③水中有一些对细胞无用的甚至是有害的物质会不会轻易穿过质膜进入细胞内呢?这些问题说明了质膜具有什么功能? | 思考、回答 | 创设情境6:通过回顾旧知——草履虫的生存方式及耳熟能详的诗句,让学生分析、思考得出质膜功能2:控制物质进出细胞 |
| | 【过渡】质膜还有其他功能吗?<br>【情境7】图片资料列举细胞间交流方式:<br>资料1:神经细胞通过分泌神经递质作用于靶细胞,内分泌细胞则通过分泌激素作用于靶细胞。在靶细胞的质膜上存在可以接受神经递质、激素等特定信号分子的蛋白质,称为受体。 | 阅读资料,分析并回答问题 | 创设情境7:通过实例,提升学生分析问题的能力,让学生认识到质膜成分中还有少量糖类,分别与蛋白质和磷脂结合形成糖蛋白、糖脂,参与细胞间的信息交流,得出质膜功能3。从分子水平的角度让学 |

（续表）

| 教学内容 | 教师活动 | 学生活动 | 设计意图 |
|---|---|---|---|
| | 资料2：当体内血糖升高时，胰岛β细胞分泌的胰岛素通过血液循环到达肝细胞，通过与肝细胞质膜表面的受体（糖蛋白）结合，促进肝细胞吸收葡萄糖，降低血糖。<br>资料3：炎症反应由细菌感染引起。感染初期，感染处的血管内皮细胞在质膜表面形成特殊的蛋白质（称为凝集素），可被白细胞表面的糖蛋白和糖脂特异性识别，引起白细胞在此处聚集并穿过血管壁进入感染部位，从而杀灭细菌。<br>【提问】①根据资料，你能发现质膜具有什么功能？②质膜的哪一结构参与了该功能？③哪些成分构成了质膜的这一结构？ | | 生认识到细胞膜结构与功能的内在联系 |
| | 教师评价学生的回答并讲解糖类分子只存在于质膜的外侧，既可以和蛋白质结合形成糖蛋白，也可以和脂质结合形成糖脂。引导学生在模型上将"糖类分子"添加至适当位置，完善细胞质膜的"流动镶嵌模型" | 完善质膜结构模型 | 进一步归纳、整理质膜的成分及结构，有助于建构科学概念体系 |
| 总结 | 人与人之间有各种信息交流的方式，如肢体语言、眼神交流、打电话、书信交流等等。多细胞生物同样处在一个繁忙而有序的社会，细胞和细胞之间要通过密切的联系完成一系列复杂的生命活动。教师强调：不仅细胞之间存在信息交流，细胞与病毒之间也有信息交流。例如，传染力和传染范围都极强的新冠病毒没有细胞结构， | | 认同质膜对于细胞生命活动的重要意义，关注新冠病毒攻坚战，增强社会责任感 |

（续表）

| 教学内容 | 教师活动 | 学生活动 | 设计意图 |
|---|---|---|---|
| | 但会识别质膜上具有血管紧张素转换酶 2 的受体,而人的口腔、鼻腔、嘴唇内部的黏膜细胞具有这种受体,一旦暴露在空气中,就有很大概率被新冠病毒识别并结合,从而感染 | | |

## 六、板书设计

### 细胞由质膜包裹

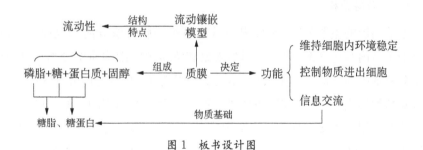

图 1　板书设计图

## 七、专家点评

质膜和质膜结构属于微观结构,生物学中"微观知识"对于学生来说一直是一个难点,所以教材中的很多设计都在使"微观知识"显性化、感性化,从而降低学生在理解生物学相关概念过程中的认知难度,以帮助学生有效获得生物学的概念和技能。本节课中教师采用实物展示——通过观察蛋黄膜和触摸动手,学生即可直观感受到质膜的存在,而结合社会情境的比喻——防护服,使学生对质膜功能的理解更为明晰,这些活动设计都很好地达到了这样的效果,也有效解决了本节课的教学重点和难点,也体现了教师对课堂教学设计和思考的重要性。

# 观察外界溶液对植物细胞质壁分离和复原的影响

复旦大学附属中学　张燕

## 一、设计说明

### （一）教材分析

本节内容的主题是"观察外界溶液对植物细胞质壁分离和复原的影响"。教材中本节内容包含两部分,分别为观察和测量植物细胞质壁分离程度、观察质壁分离细胞的复原。基于教材,本实验一共分为两个部分,分别为探究不同溶液对植物细胞质壁分离程度的影响、观察质壁分离细胞的复原,其中探究部分还涉及数据的采集与处理。本节内容对应必修1第4章第1节第2课时,第1课时已经介绍了"细胞通过质膜与外界进行物质交换",本节通过探究实验对第1课时理论学习的深入探究,帮助学生构建"质膜具有选择透过性"的概念。在必修1第三章,教材介绍了细胞由质膜包裹,但对质膜功能的介绍还不够细致全面,本节内容也是对第3章内容"细胞的结构"的延伸,同时也为后续学习细胞的生命历程等奠定基础。

### （二）学情分析

在学习本节课之前,学生已经学习了细胞的结构、初步了解了细胞质膜具有选择透过性,但学生对质壁分离的概念尚不清晰,对质壁分离现象缺乏直观认识。

通过信息技术的学习,学生已经初步具有采集和处理数据的能力,但是对ImageJ软件不熟,将通过课前培训帮助学生熟悉软件使用。

高一学生已初步具备一定的实验探究和思维分析能力,但初中阶段的实验多停留在观察和描述阶段,学生对数据的采集、分析和处理能力有待加强。因此本节课将引导学生探究不同溶液对植物细胞质壁分离的影响,并借助 ImageJ 软件定量分析、比较不同条件下植物细胞质壁分离程度,培养学生的科学思维和科学探究能力。

### (三) 设计思路

新课标强调要为探究性学习创设情境,充分利用信息技术提高课堂教学效率,注重定量分析,因此本节课以腌制洋葱出水这一生活化情境引入,引导学生探究不同溶液对植物细胞质壁分离的影响。本节课使用 ImageJ 软件对数据进行采集,实现实验结果的定量分析。为提高课堂效率,课前为学生提供 ImageJ 软件使用微视频,引导学生完成预习活动,熟悉 ImageJ 软件使用。

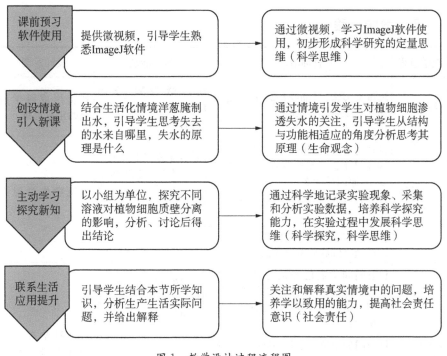

图 1 教学设计过程流程图

## 二、教学目标

(1) 通过科学探究活动,理解细胞质膜具有选择透过性的特点,在实验实施过程中发展科学思维。

(2) 通过科学地记录实验现象、采集和分析实验数据,培养学生的科学探究能力。

（3）关注和解释真实情境中的问题，培养学生的社会责任意识。

## 三、教学重难点

（1）重点：① 质壁分离实验的原理；

　　　　　② 实验结果的记录、统计和分析。

（二）难点：实验结果的记录、统计和分析。

## 四、教学准备

学生培训：数码显微镜和 ImageJ 软件的使用。

## 五、教学过程

| 教学过程 | 教师活动 | 学生活动 | 设计意图 |
| --- | --- | --- | --- |
| 课前预习 | 提供微视频，帮助学生熟悉 ImageJ 软件和实验操作步骤 | 通过微视频，学习 ImageJ 软件使用和实验操作步骤 | 初步形成科学研究的定量思维 |
| 创设情境导入新课 | 【情境】展示腌制的洋葱实物。<br>【提问】洋葱腌制后有水渗出，体积变小，原因是什么？<br>【提问】失去的是哪里的水？失水的原理是什么？ | 回答：洋葱细胞失水。<br>回答：失去洋葱细胞里的水；原理是外部盐溶液浓度比较大 | 激发学生学习兴趣 |
| | 【图片】成熟植物细胞模式图。<br>讲述植物细胞质壁分离的原因 | | |
| 实验探究：外界溶液对植物细胞质壁分离的影响 | 【提问】同学们已经预习过实验步骤，请回顾实验过程中的关键点：取材取哪里？如何取？引流有什么注意事项？ | 结合预习内容，回答：取材应取外表皮；撕取；引流 2～3 次 | 通过科学探究活动，培养学生科学探究能力。在数据处理过程培养学生分析、归纳与概括的科学思维 |
| | 【图片】展示植物细胞的质壁分离现象。请选出发生质壁分离的细胞。观察质壁分离现象，比较质壁分离细胞液泡体积大小、液泡颜色深浅变化，原生质体与细胞壁的位置关系 | 观察植物细胞质壁分离现象，记录结果 | |
| | 【过渡】质壁分离程度与外界溶液有什么关系？<br>【提问】如何定量比较这四个细胞的质壁分离程度？ | 思考，回答（学生可能回答：比较长度或面积） | |

（续表）

| 教学过程 | 教师活动 | 学生活动 | 设计意图 |
|---|---|---|---|
| | 【跟踪指导1】组织学生结合实验手册完成探究实验,1、2、3组同学分别探究10%、20%、30%蔗糖溶液对洋葱外表皮细胞质壁分离的影响;4、5、6组同学分别探究2.0%、3.0%、4.0%NaCl溶液对洋葱外表皮细胞质壁分离的影响。每组同学均在引流后2 min、4 min、6 min拍摄记录,间隙进行数据采集。<br>可能的问题:在视野中看不到质壁分离的细胞,指导学生引流2～3次,在视野中找到发生质壁分离的细胞,连续观察 | 两两合作,完成实验探究。一位学生拍照、测量细胞面积($S_1$)和原生质体面积($S_2$),一位学生记录并计算$S_2/S_1$ | |
| | 【数据汇总与分析】汇总各小组实验数据,以时间为横坐标,以$S_2/S_1$为纵坐标,将各组的数据绘制成曲线图,引导学生从溶质种类、溶液浓度分析实验数据 | | |
| 应用提升 | 【资料】糖醋蒜的制作过程中糖醋汁液面先上升后下降。<br>【提问】请分析原因 | 思考,结合所学知识,分析原因 | 联系生活,增强学生的社会责任意识 |

## 六、板书设计

**观察外界溶液对植物细胞质壁分离和复原的影响**

实验过程:

1. 取材(外表皮、撕取)

2. 制作装片

3. 镜检

4. 引流(2～3次)

5. 镜检

实验结果:

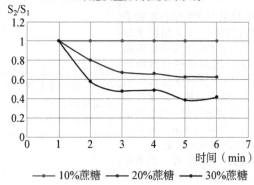

不同浓度蔗糖溶液对洋葱外表皮
细胞质壁分离程度的影响

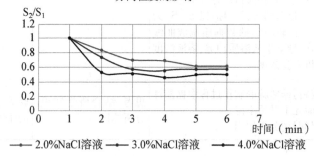

不同浓度NaCl溶液对洋葱外表皮细胞质壁
分离程度的影响

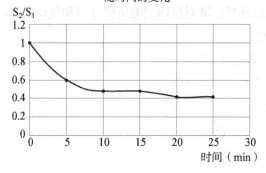

30%蔗糖条件下质壁分离程度
随时间的变化

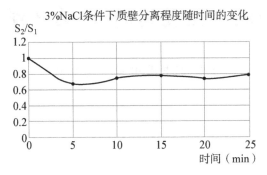

图 2　实验结果

## 七、专家点评

张燕老师用学生熟悉的凉拌洋葱导入,将课本知识与生活实例相结合,能够激发学生的学习兴趣。教学设计过程比较合理,通过探究不同浓度溶液、不同溶质对植物细胞质壁分离程度的影响,调动学生自主探究的积极性。整个过程中很好地融入了科学思维和科学探究,相对来说,这是比较成功的一堂课。

这堂课要解决三个问题,第一个是植物细胞发生质壁分离和复原的原理,第二个是学会观察植物细胞质壁分离现象的实验方法,应用 ImageJ 软件分析比较不同条件下植物细胞质壁分离的程度,第三个是应用质壁分离原理解释相关的生物学现象。在整个过程中,能够充分发挥和培养学生的自主探究能力,在完成具体实验过程中,能够把科学思维和科学探究的学科核心素养很好地体现在课程中。不足之处是教学目标设计过程中没有很好地量化评价过程,教学目标的设计过程中,要可教可学可测可评,建议通过具体的活动和具体的探究来体现核心素养,比如通过观测和分析不同浓度蔗糖和氯化钠溶液对洋葱外表皮细胞质壁分离的影响,解释质壁分离的原理以及细胞质膜的选择通透性特征,在这个活动里面,蕴含了科学思维和科学探究的学科核心素养。再比如教学目标为学会使用 imageJ 软件测量和计算细胞,这里面就牵涉到数据的处理、分析、归纳和概括,因此也涵盖了科学探究的学科核心素养。

# 血糖的平衡及其调节(第 2 课时)

上海市中原中学　唐楠楠

## 一、设计说明

### (一) 课程标准的要求

"血糖平衡及其调节"是上海市高中生命科学(试用本)拓展型课程第 2 章第 4 节内容。根据《上海市高中生命科学学科基本要求》,本节内容的学习水平为 B 级,具体要求为:说出糖尿病类型,理解糖尿病的形成原因。具体学业要求为:运用胰岛素的降血糖过程来分析糖尿病的产生原因,并根据病因提出治疗措施,培养科学探究的思维(科学思维、科学探究)。分析糖尿病的病因,提出防治措施,认同并采纳健康生活方式,激发珍惜生命的意识和社会责任(社会责任)。认同血糖平衡的意义及血糖平衡失调带来的影响,认识到稳态与平衡的重要性,形成稳态与平衡的生命观念(生命观念)。

### (二) 教材分析

"血糖平衡及其调节"是上海市高中生命科学(试用本)拓展型课程第 2 章第 4 节内容。本节课为本节内容的第 2 课时。内环境中葡萄糖含量的相对稳定是实现内环境自稳态的重要因素,因此是本章的重点内容,本节内容包括血糖的平衡、血糖平衡的调节和糖尿病及其防治三部分内容。第一课时的内容是血糖平衡及调节,本节课主要介绍血糖平衡失调,了解失调对机体造成的影响,加强对稳态与平衡的认识,有助于构建稳态与平衡的观念。以血糖平衡失调导致的糖尿病为载体,从胰岛素来源和作用两部分分析糖尿病产生的原因,培养学生分类讨论逻辑辩证的科学思维,并对肥胖及碳酸饮料对糖尿病的影响进行图形分析,培养学生读图析图、提取信息和表达的能力,为今后的学习打下基础。

### (三) 学情分析

生活中,学生对糖尿病有一定的常识性了解,同时在初中阶段初步学习了胰岛素的作用,高中阶段又进一步深入,并且在本节课前,学生已经学习了有关内环境的自稳态、血糖平衡及调节的内容,对糖尿病、血糖平衡及稳态有了一定的认识,为本节课的学习平衡及失调,分析糖尿病的病因及防治,建立平衡和稳态的关系打下基础。同时经过之前的学习,学生已经初步具备读图析图能力,但提取信息、整合信息并正确表述以及运用知识解决实际问题的能力还需进一步加强,需要老师加强引导。

### (四) 教学设计思路

图 1　教学设计过程流程图

## 二、教学目标

(1) 运用胰岛素的降血糖过程来分析糖尿病的产生原因,并根据病因提出治疗措施,培养科学探究的思维。

(2) 联系实际,分析阐述肥胖及碳酸饮料对糖尿病的影响,学生通过读图析图,提高运用知识解决实际问题的能力。

(3) 分析糖尿病的病因,提出防治措施,认同并采纳健康生活方式,激发珍惜生命的意识和社会责任。

(4) 认同血糖平衡的意义及血糖平衡失调带来的影响,认识到稳态与平衡的重要性,形成稳态与平衡的生命观念。

## 三、教学重难点

(1) 重点:分析理解糖尿病的形成原因。

(2) 难点:① 分析理解糖尿病的形成原因。

② 分析阐述肥胖及碳酸饮料对糖尿病的影响机理。

## 四、教学准备

自制多媒体课件、学案。

## 五、教学过程

| 教学内容 | 教师活动 | 学生活动 | 设计意图 |
|---|---|---|---|
| 导入 | 通过上节课的学习内容"血糖平衡及调节"可知,正常人通过激素和神经调节能维持血糖含量的相对稳定与平衡,但机体的调节能力是有限的 | 回顾知识 | 回顾知识<br>导入新课 |
| | 提问:血糖平衡失调会造成什么样的影响呢? | 思考 | |
| 血糖平衡失调和糖尿病 | 正常人血糖浓度 3.89 mmol/l—6.11 mmol/l,介绍血糖平衡失调引起的症状,加强学生对血糖平衡意义的认识 | 思考回答 | 介绍血糖平衡失调产生的结果,加强对血糖平衡意义的认识 |
| | PPT:展示健康人与糖尿病人的血糖变化曲线。<br>提问:哪条曲线是糖尿病人的曲线?阐述判断理由 | 分析曲线并阐述判断理由 | 以糖尿病为载体,当调节出问题,可从来源和作用两部分进行分类讨论,并根据原因提出治疗措施,培养科学辩证的逻辑思维 |
| | 糖尿病病因与胰岛素有密切关系,回顾知识。<br>提问1:胰岛素是如何分泌的,其作用的靶细胞有哪些?<br>提问2:根据降血糖过程分析糖尿病产生的原因 | 回顾知识,建立关系,分析原因 | |
| | PPT:展示几个胰岛细胞和肝细胞图片。<br>提问1:分析甲、乙、丙导致血糖异常的原因。<br>根据学生的分析阐述糖尿病的类型及产生原因并总结 | 分析血糖异常的原因 | |
| | 提问2:不同类型的糖尿病治疗方法是否一致呢?该如何治疗?根据病因提出治疗措施 | 提出糖尿病治疗措施 | |

（续表）

| 教学内容 | 教师活动 | 学生活动 | 设计意图 |
|---|---|---|---|
| 糖尿病的预防 | Ⅱ型糖尿病患者占糖尿病患者总人数的90％以上,约65％以上的Ⅱ型糖尿病患者是肥胖体型。<br>PPT:展示肥胖与非肥胖人血糖浓度和胰岛素分泌量的曲线图 | 思考回答 | (1)分析曲线图和机制图,学生提取信息,构建关系,整合知识,锻炼综合表述能力,培养科学思维。<br>(2)使学生意识到良好的生活习惯对维持稳态与平衡的重要性 |
|  | 提问1:分析肥胖与非肥胖人在血糖浓度和胰岛素分泌量两方面的差异并解释造成差异的原因。<br>提问2:肥胖者易患糖尿病的原因是什么?<br>长期饮用碳酸饮料会很大程度增加患糖尿病的风险 | 分析曲线,找出差别,构建关系,并阐述理由 |  |
|  | PPT:碳酸饮料增加患糖尿病风险的机制图。<br>提问:分析碳酸饮料引起糖尿病的原因 | 分析机理图,提取信息,构建关系,并阐述理由 |  |
|  | 提问:糖尿病该如何预防呢?<br>合理饮食、良好生活习惯对维持稳态与平衡重要性 | 提出预防措施 |  |

## 六、板书设计

### 血糖的平衡及其调节(2)

糖尿病

来源—Ⅰ型糖尿病—胰岛素分泌不足—注射胰岛素/胰岛移植

作用—Ⅱ型糖尿病—胰岛素抵抗—控制饮食、锻炼、药物

## 七、专家点评

唐老师在这节课中通过对教材概念的仔细梳理,结合新课标对这节课的教学知识目标和能力目标的仔细分析,精心设计了本节课的教学过程。这节课教学思路清晰、教学内容展示全面、教学活动的整个过程紧凑,对问题的分析逻辑思维通顺、环环相扣,而且在内容转换的过程中知识点过渡自然。唐老师在整

个教学过程中教态大方得体,教学用语规范,体现了教师的基本素养。此外,唐老师在教学过程中应注重与学生进行互动,尽量顾及更多学生在课堂上的表现,从而更好发挥学生的主体性。

# 激素通过反馈调节和分级调节
# 维持稳态(第1课时)

中原中学　金意敏

## 一、设计说明

### (一) 课程标准的要求

本节为上海科学技术出版社普通高中教科书《生物学》选修1中第3章"人体的体液调节"第2节"激素通过反馈调节和分级调节维持稳态"第1课时。本单元对应《普通高中生物学课程标准》(2017年版2020年修订)(以下简称新课标)大概念1"生命个体的结构与功能相适应,各结构协调统一共同完成复杂的生命活动,并通过一定的调节机制保持稳态",重要概念1.4"内分泌系统产生的多种类型的激素,通过体液传送而发挥调节作用,实现机体稳态",次位概念1.4.2"举例说明激素通过分级调节、反馈调节等机制维持机体的稳态,如甲状腺激素分泌的调节和血糖平衡的调节等"和1.4.3"举例说出神经调节和体液调节相互协调共同维持机体的稳态"。新课标对本节内容的学业要求是"结合日常生活中的情境,分析说明人体通过神经系统、内分泌系统的调节作用对内外环境的变化作出反应,以维持内环境稳态"。本节课对应核心素养水平三和水平四。

### (二) 教材分析

教材通过"正常人空腹,口服葡萄糖溶液前后的血糖、胰岛素和胰高血糖素浓度变化"这一科学研究为情境,以曲线图展示实验结果,让学生思考血糖浓度变化与激素之间的关系;通过曲线图的分析,引导学生阐释血糖平衡的维持和调节机制,发展分析、比较、推理的能力,树立稳态和平衡的生命观念。最后,通过"思考与讨论"引导学生关注早餐对健康的重要意义,提出预防糖尿病的科学建议,培养良好的生活习惯,成为健康中国的促进者和实践者。同时本课时也为后续学习体温、渗透压等平衡的调节奠定了良好的理论基础。

### （三）学情分析

在前面的教学中，学生已经理解了胰岛素和胰高血糖素的作用，也对应激时肾上腺素分泌增多引起血糖升高有一定的认识。通过必修1的学习，学生已经知道了血糖的主要来源、去路，这些都为学生理解本节课的授课内容奠定了基础。

高中学生已经有一定的获取知识、分析图像的能力，但应用知识解决问题的能力有所欠缺，所以在分析材料问题时，需要教师加强引导，使学生在此过程中养成合作探究的能力及良好的生活习惯。

### （四）设计思路

本节课的重难点是血糖平衡的神经-激素调节，由餐后血糖浓度变化的时间曲线分析血糖高于正常值和低于正常值时，体内激素如何调节血糖，构建血糖的平衡以及激素调节的概念模型，为后续模型的构建做铺垫。接着引导同学思考血糖调节的神经-激素调节方式。通过大鼠生化实验和动物电生理实验，逐步分析血糖极低时，神经-激素如何调节血糖的平衡，引导学生通过讨论，总结血糖平衡的神经-激素调节概念模型，体会知识整合的过程。学生经历"提出问题-探究新知-解决问题-整合知识"的学习过程，不仅掌握了血糖平衡的神经和激素调节，科学思维、科学探究能力也得到了一定的提升。具体过程见图1。

## 二、教学目标

（1）通过正常人空腹口服葡萄糖溶液前后的血糖浓度变化，概述人体中血糖的主要来源、去路及其平衡，树立稳态与平衡的生命观念。

（2）通过血糖平衡的神经-激素调节模型的构建活动，说明激素的反馈调节，拓展归纳与概括的科学思维。

（3）通过高糖饮食增加患糖尿病风险的机制图，提出预防糖尿病的科学建议，承担养成良好生活习惯的社会责任。

## 三、教学重难点

（1）重点：①人体中血糖的来源和去路的平衡。②血糖平衡的激素调节。③血糖平衡的神经-激素调节。

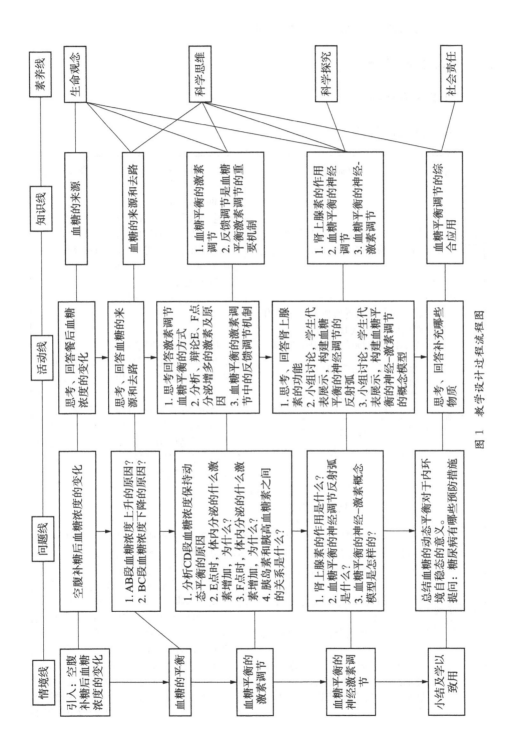

图 1 教学设计过程流程图

（2）难点:血糖平衡的神经-激素调节。

## 四、教学准备

PPT、科普视频。

## 五、教学过程

| 教学内容 | 教师活动 | 学生活动 | 教学设计意图 |
|---|---|---|---|
| 情境引入 | 【设计情景】空腹吃完士力架后小明同学血糖浓度发生了怎样的变化? | 展示网上搜索的士力架(避免具体的品牌)的图片,结合士力架的广告语,引导学生思考空腹吃完士力架后血糖浓度的变化 | 通过学生给出的答案,诊断学生对于内环境稳态的理解 |
| 血糖的平衡 | (1)结合小明餐后血糖浓度变化的时间曲线图(见图2)分析:<br>①AB段血糖浓度上升的原因。<br><br>图2　餐后血糖浓度变化图<br>②BC段血糖浓度下降的原因。<br>(2)结合案例分析:除了食物中糖的消化吸收,血糖的来源还有什么? | (1)PPT展示小明餐后血糖浓度变化的时间曲线图,引导学生分析原因。<br>(2)展示案例:小明同学不吃早饭就匆匆赶去上学,但是前两节课并未感觉到不适,引导学生分析血糖的来源 | 以学生能否回答出血糖浓度变化的原因、血糖的来源,诊断学生对于血糖的来源和去路这个前概念的掌握程度 |
| 血糖平衡的激素调节 | (1)结合小明餐后血糖浓度变化的时间曲线图(见图2)分析:<br>①CD段血糖浓度保持动态平衡的原因。<br>②B点时,体内分泌的什么激素增加,为什么?<br>③C点时,体内分泌的什么激素增加,为什么?<br>(2)截取教材图3-6血糖浓度变化曲线图,在此基础上,让学生绘制胰岛素和胰高血糖素浓度变化的曲线。 | (1)PPT展示小明餐后血糖浓度变化的时间曲线图,通过问题串一步步引导学生分析激素调节血糖平衡的方式,小组讨论构建激素调节血糖平衡的概念模型图,通过无线投屏技术展示小组讨论成果,通过师生讨论、生生讨论最终构建概念模型。 | 以学生能否构建激素调节血糖平衡的概念模型、能否绘制激素浓度变化的曲线,诊断学生是否具有图文转换的能力,是否树立了稳态与平衡观;通过学生分析的结果,考查学生对两种激素浓度变化的曲线图 |

（图2中标注：血糖浓度（纵轴）、时间（横轴）；曲线上标注B、A、C、D各点，空腹血糖水平虚线；横轴标注早餐、9时、10时、11时、12时、13时）

（续表）

| 教学内容 | 教师活动 | 学生活动 | 教学设计意图 |
|---|---|---|---|
| | (3) 结合绘制的胰岛素和胰高血糖素浓度变化的曲线图,分析胰岛素和胰高血糖素之间的关系 | (2) 让学生通过激素调节血糖平衡的概念模型图,绘制胰岛素和胰高血糖素浓度变化曲线图,通过无线投屏技术,展示小组讨论成果,通过师生讨论、生生讨论最终绘制曲线图。<br>(3) 展示同学绘制的胰岛素和胰高血糖素浓度变化的曲线图,通过师生讨论和生生讨论,引导学生讨论反馈调节的机制 | 的掌握情况,诊断学生是否建立激素通过反馈调节的机制维持机体的稳态的观念 |
| 血糖平衡的神经-激素调节 | 以血糖浓度极低时,血糖平衡如何调节引入问题:<br>(1) 结合实验一,观察禁食48 h大鼠注射肾上腺素后血糖浓度变化。分析实验一的结果,可以得出什么结论?<br>(2) 结合实验二:电刺激低血糖症动物下丘脑的实验以及所学知识,写出血糖浓度极低时,血糖平衡的神经调节的反射弧。<br>(3) 根据学生展示的反射弧图,分析:<br>① 下丘脑、肝脏、肾上腺髓质、胰岛A细胞承担什么功能?<br>② 下丘脑通过什么控制效应器?<br>③ 效应器如何升血糖?<br>④ 在此基础上,补充完成血糖浓度极低时,血糖平衡的神经-激素调节的概念模型 | PPT出示剧烈运动后面色苍白的照片,作为本环节的引入。<br>(1) PPT出示实验资料一:禁食48 h大鼠注射肾上腺素后血糖浓度变化,回顾肾上腺素的作用。<br>(2) PPT出示实验资料二:电刺激低血糖症动物下丘脑,让学生结合本册第二章所学内容,写出血糖浓度极低时神经调节的反射弧,并结合该反射弧图进一步分析各结构的功能,补充完成血糖浓度极低时血糖平衡的神经-激素调节的概念模型 | 通过学生绘制的血糖平衡的神经-激素调节的概念模型,诊断学生是否建立人体内环境的稳态是在神经调节和体液调节相互协作、共同调节下完成的观念 |
| 小结及学以致用 | 总结血糖平衡的维持及调节,及其对于内环境自稳态的意义。<br>提问:糖尿病该如何预防呢? | PPT展示高糖饮食增加患糖尿病风险的机制图,让学生运用所学生物学知识阐释在日常生活中该如何预防糖尿病。最后播放预防糖尿病的科普视频总结 | 联系生活,学以致用,培养学生稳态与平衡的观念,以及承担培养良好生活习惯的社会责任 |

## 六、板书设计

### (一) 血糖平衡的激素调节

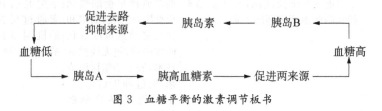

图 3　血糖平衡的激素调节板书

### (二) 血糖平衡的神经-激素调节

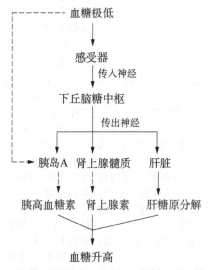

图 4　血糖平衡的神经-激素调节板书

## 七、专家点评

本节课需要建构的次位概念是"举例说明激素通过分级调节、反馈调节等机制维持机体的稳态,如甲状腺激素分泌的调节和血糖平衡调节等"。学生需要通过这节课的学习,建构"血糖平衡调节"的概念,落实"关爱生命,崇尚健康文明的生活方式"的社会责任。但是血糖平衡调节的过程是在激素调控下、基于胞内化学反应速率变化而发生的,对于学生而言是一个非常抽象的过程。如何让抽象的生命调控的过程直观形象地呈现在学生面前,概念模型的构建是一个非常好的手段，同时也能培养学生用"模型和建模"表征思维过程的科学思维能力。

　　金老师在教学设计时，基于学习进阶理论，通过翔实的文字、曲线图和实验等情境资料，为学生搭建模型提供了脚手架，最终完成概念模型的进阶——血糖平衡、血糖平衡的激素调节、血糖平衡的神经激素调节，很好地解释了在外界环境变化的情况下，人体在神经、激素的调节下维持内环境血糖水平稳态的过程，落实稳态与平衡的生命观念。通过信息技术，如无线投屏技术，在电视屏幕上实时展现每组学生设计的血糖调节的概念模型，可让全班同学共同分析讨论问题并及时修正概念模型。这些技术手段的应用，使教学中的师生互动、生生互动更加深入和有层次，也便于教师及时发现和解决教学实施过程中学生暴露的问题，从而提高课堂效率。

# 细胞衰老和死亡是自然的生理过程

上海交通大学附属中学闵行分校　谢玖清

## 一、设计说明

### (一)教材分析

本节内容是上海市普通高中《生物学》教材必修 1《分子与细胞》的第 5 章"细胞的生命进程"中的第 3 节,从细胞是生物体结构与生命活动的基本单位、结构与功能相适应的视角,去分析、描述细胞衰老的特征及细胞衰老与个体衰老的关系,分析、比较细胞凋亡与细胞坏死的区别,有助于帮助学生正确认识细胞正常生理过程,建立科学的生命观念,同时也更深入地思考在细胞衰老和死亡的过程中,可能存在哪些外部和内部因素的影响及其机制,探究细胞衰老和细胞死亡与人类疾病的关系,关注相关研究领域成果在疾病治疗和健康维护中的作用,有助于进一步提升学生的社会责任感,为他们继续学习和走向社会打下认识和实践的基础。本节课虽然是《生物学》必修 1 的最后一节内容,但通过本节课的学习,能为细胞癌变、细胞培养等知识的学习奠定基础。此外,通过对细胞凋亡概念的理解,也为从稳态与平衡的视角分析细胞凋亡的意义作铺垫。

### (二)学情分析

在本节内容之前学生已经学习了细胞的物质组成,知道蛋白质、核酸、糖类、脂质、水、无机盐等都是细胞进行生命活动不可缺少的物质;在细胞的结构的学习中,理解了细胞的质膜控制着物质出入、细胞内部各个细胞器分工合作使细胞内的生命活动有条不紊地进行;细胞进行正常代谢离不开酶的催化以及能量的摄取与消耗;通过前面的铺垫,学生更能理解生物个体的繁殖、生长、发育、衰老直至死亡等生命进程是以细胞的生命历程(即细胞的增殖、分化、衰老、死亡)为基础的,并从分子水平理解在细胞分裂分化完成后,在即将面临的细胞衰老和死亡的过程中,细胞内的物质组成、形态结构和功能、细胞内酶的活性和新陈代谢水平将会发生一系列退行性的变化,直至细胞发生程序性死亡,完成细胞生命历程的一个轮回。本节内容的学习有助于学生认识和理解细胞的增殖、分化、衰老和死亡都是细胞自然的生理过程,对维持正常生命活动具有重要的意义。

### (三) 设计思路

为充分体现以学生为主体,调动学生主动学习和探究的积极性,在本节课开始之前,提前设计了两个教学微活动:"细胞的寿命""细胞不同死亡方式的比较",请学生以小组为单位,通过课本预习以及查阅相关资料,制作 PPT 或表格,在课堂教学中以微活动的形式,各请一组代表对相关资料进行分享,并针对相关问题在小组间进行交流探讨。

在课堂教学中,首先,通过一组体现人类生命周期进程的图片引入本节课,提出关键问题:细胞是否也有生命周期,也会有衰老和死亡? 请第一小组进行微活动 1 的展示,在展示环节结束后,以问题引导学生对细胞衰老的特点进行比较、归纳,请各小组运用结构与功能观,交流探讨衰老细胞的形态结构改变对其功能的影响、对个体衰老的意义等。通过运用已有知识分析细胞衰老的原因,探讨细胞衰老和死亡与人类疾病的关系,关注相关领域的研究成果。随后,请第二小组分享"细胞不同死亡方式的比较"并介绍细胞凋亡相关内容,深入理解细胞凋亡的概念,教师在问题引领和点评之余,进一步补充两则材料,请学生根据材料讨论细胞凋亡的意义。通过观察图片,分析、比较细胞凋亡和细胞坏死的区别和各自的生理意义。最后,通过广角镜环节拓展细胞自噬相关知识,了解生命科学的最新进展,开阔学生的视野,并进行课堂小结和总结提升,激发学生珍惜青春、珍爱生命、关注社会、关爱老年人的意识,体会作为青年人的社会担当。

### 二、教学目标

(1)比较人体内不同细胞的寿命长短,理解细胞的衰老和死亡是一种自然生理过程。

(2)分析、比较细胞凋亡与细胞坏死的区别和生理意义。

(3)举例说明细胞衰老和凋亡方面的研究和应用,探讨细胞的衰老和凋亡与人体健康的关系。

## 三、教学重难点

（1）重点：细胞的衰老和死亡是一种自然生理过程；细胞凋亡与细胞坏死的区别和生理意义。

（2）难点：细胞凋亡的概念及意义。

## 四、教学准备

### （一）微活动设计：细胞的寿命

1. 活动目标

课前通过总结人体内不同细胞在寿命长短上的差异，引导学生归纳人体不同组织细胞寿命的特点，进一步讨论细胞衰老与个体衰老的关系；通过收集不同衰老细胞的图片，引导学生归纳细胞在衰老过程中的特征，分析细胞衰老现象背后可能存在的原因，在理解细胞的衰老和死亡是细胞生命进程中的自然规律的同时，也思考如何利用所学知识帮助我们维持机体良好的功能，从而更健康地生活。

2. 活动方案

（1）以小组为单位，在本节课前查阅不同细胞类型的寿命长短相关数据，收集不同衰老细胞的图片，查阅细胞衰老原因的相关资料。

（2）每个小组在课前将本组所查到的数据整理成表格或 PPT。

（3）请一个小组将他们查到的数据进行展示和讲解，其他小组补充。

（4）思考与讨论：

① 人体内不同组织细胞的寿命有何特点？

② 细胞衰老有何特征？ 人体内细胞的衰老与个体衰老有何关系？

③ 导致细胞衰老的原因可能有哪些？

### （二）微活动设计：细胞不同死亡方式的比较

1. 活动目标

细胞死亡是细胞生命进程中的自然规律之一，也是生物体清除衰老、损伤或病变细胞的一种自然生理过程。但不同的细胞死亡方式，有着不同的特点和生理意义，通过比较归纳，让学生理解细胞凋亡与细胞坏死的区别和生理意义。

2.活动方案

（1）以小组为单位,查阅细胞凋亡的相关实例,解释细胞凋亡的概念和生理意义;阅读教材 120～121 页,找出细胞凋亡与细胞坏死的区别,并解释二者的生理意义。

思考与讨论:

① 什么是细胞凋亡? 有哪些细胞凋亡的实例? 其对生物体的生长发育有何意义?

② 什么是细胞坏死? 细胞坏死与细胞凋亡有何区别?

③ 人体内细胞死亡时,发生了那些变化? 死亡的细胞去了哪里?

（2）每个小组请代表对相关资料进行分享,并针对问题进行讲解。

## 五、教学过程

| 教学环节 | 教学内容 | 学生活动 | 设计意图 |
|---|---|---|---|
| 导入新课 | 展示图片:受精卵、胚胎、婴儿、少年、青年、成年、老年,让学生总结出人的生长发育过程。自然界中每种生物都有自己的生命周期,构成生物体的细胞是否有自己的生命周期? | 观察图片,得出衰老是生命进程中的一个自然的必经的过程,细胞也会经历衰老和死亡的过程 | 通过对人体衰老的认识,引出细胞衰老,向学生提出问题:细胞是否也会衰老?导入本节课的内容 |
| 活动一:细胞的寿命 | 请小组同学展示不同衰老细胞的图片,描述细胞类型,比较细胞衰老前后的变化,分析不同种类的细胞在衰老后对人体可能会产生的影响 | 分享课前查阅的不同细胞类型的寿命长短相关资料,将查到的数据进行展示和讲解,其他小组补充 | 培养学生资料搜集、描述、比较能力 |
| 细胞衰老的特征 | 【提问】细胞衰老有何特征?细胞衰老对生物体而言是有利还是不利?有何意义? | 据资料回答:在衰老的细胞内水分减少,结果使细胞萎缩,体积变小,因此产生了皱纹;衰老的细胞内,有些酶的活性降低,例如,由于人头发基部的黑色素细胞衰老,细胞中的酪氨酸酶活性降低,导致头发变白 | 运用结构与功能观,学习思考衰老细胞的形态结构改变对其功能的影响 |
| | 【提问】人体内细胞的衰老与个体衰老有何关系?(教师与学生共同归纳细胞衰老的特点) | 思考并回答问题:细胞衰老是人体衰老的直接原因 | 思考细胞衰老与人体衰老的关系,理解细胞的衰老和死亡是一种自然生理过程 |

探索生命课堂之真　发现生命教学之法

（续表）

| 教学内容 | 教师活动 | 学生活动 | 教学设计意图 |
|---|---|---|---|
| 细胞衰老的原因 | 【提问】<br>(1) 导致细胞衰老的原因可能有哪些？<br>(2) 如何延缓衰老,延长寿命？ | 请同学从外部因素和内部因素两个方面举例回答。<br>结合细胞衰老方面的研究和应用,讨论交流细胞衰老相关研究领域成果在疾病治疗和健康维护中的作用 | 探究细胞衰老和细胞死亡与人类疾病的关系,关注相关研究领域成果在疾病治疗和健康维护中的作用,有助于进一步提升社会责任感,为继续学习和走向社会打下认识和实践的基础 |
| 活动二:细胞不同死亡方式的比较——细胞凋亡 | 细胞死亡是细胞生命进程中的自然规律之一,也是生物体清除衰老、损伤或病变细胞的一种自然生理过程。但不同的细胞死亡方式,有着不同的特点。<br>请学生以小组为单位,结合查阅细胞凋亡的相关实例,对相关材料进行分析,探讨什么是细胞凋亡？ | 【展示微活动 PPT】解释什么是细胞凋亡:细胞自动结束生命的过程叫作细胞凋亡,这受到严格的由遗传机制决定的程序性调控,也被称为细胞程序性死亡 | |
| | 【教师展示材料】<br>材料1:人体胚胎五指之间的细胞自动死亡。<br>材料2:蝌蚪在发育过程中,尾和鳃都会在一定的时期消失掉。<br>提问:细胞凋亡对人体有何意义？细胞凋亡对人体健康有害还是有利？ | 【学生小组交流讨论】<br>给出结论:①确保正常发育生长:清除多余的细胞。②维持内部环境稳定:清除受损、突变、衰老的细胞。③积极防御外界干扰:阻止病毒再感染细胞。<br>根据上述结论,探讨细胞凋亡与人体健康的关系 | 利用相关资料、图片,让学生意识到细胞凋亡是一种自然的生理过程,是由基因决定的细胞自动结束生命的过程 |
| 活动二:细胞不同死亡方式的比较——细胞坏死 | 【提问】什么是细胞坏死？细胞坏死与细胞凋亡有何区别？<br>【教师展示材料】<br>展示细胞凋亡和细胞坏死的对比图片,阅读教材120～121页,找出细胞凋亡与细胞坏死区别上的描述,并进行归纳总结 | 学生小组交流讨论,得出结论:细胞凋亡是由基因决定的细胞自动结束生命的过程,是一种自然的生理过程。细胞坏死是指在不利因素影响下,由于细胞的正常代谢活动受损或中断引起细胞的损伤和死亡,是一种病理性死亡 | 通过观察图片得出结论。培养学生归纳总结、对比分析的能力。分析、比较细胞凋亡与细胞坏死的区别和生理意义 |

104

（续表）

| 教学内容 | 教师活动 | 学生活动 | 教学设计意图 |
|---|---|---|---|
| 广角镜 | 有些激烈的细胞自噬,可能诱导细胞凋亡。<br>【提问】<br>(1) 什么是细胞自噬?<br>(2) 细胞自噬与哪种细胞器有关呢?<br>(3) 细胞自噬有什么作用?<br>细胞自噬机制的研究对许多疾病的防治有重要意义 | 阅读课本,了解细胞自噬内容,理解细胞自噬发生的意义 | 拓展细胞自噬相关知识,了解生命科学的最新进展,开阔学生的视野 |
| 课堂小结 | 重点对细胞衰老和死亡进行考察,设置课堂练习,巩固本节课的重点和难点,帮助学生深入理解细胞衰老、死亡与生物遗传和代谢的关系 | 学生通过对题目的理解和解答,巩固课堂所学知识,锻炼学生的理解能力,获取信息的能力以及综合应用能力 | 巩固知识 |
| 总结提升 | 细胞衰老和细胞凋亡都是正常的生命现象,细胞从增殖、分化到衰老和死亡的生命历程是一种自然规律。而个体的生命也要经历生老病死。生命的每个阶段都有各自的精彩,年轻如夏花绚烂,年老如秋叶静美。希望同学们珍惜青春,努力奋斗,收获青春的美丽,即使到了繁华落尽之时,也能感受到生命的美好! | 思考,回忆细胞的生命进命历程,体会生命的发展规律,感悟生命的神奇,形成珍惜生命的意识 | 激发学生进一步学习的热情和珍惜青春、珍爱生命、关注社会、关爱老年人的意识,体会作为青年人的社会担当 |

## 六、板书设计

（一）细胞衰老与个体衰老的关系

单细胞生物:细胞的衰老等于个体的衰老。

多细胞生物:细胞的衰老不等于个体的衰老,细胞时刻都在更新。

（二）细胞的衰老

细胞衰老的含义、细胞衰老的特征、细胞衰老的原因。

（三）细胞的凋亡

概念、特点、原因、意义、与细胞坏死的区别。

## 七、专家点评

课标对于本节课内容的教学提出了这样的建议:鼓励学生搜索有关细胞研究和应用方面的信息和研究并进行讨论,以丰富相关知识,加深对科学、技术、社会相互关系的认识。这个建议中含有多层含义,其中就包含学生是学习活动的主体,学习过程需要学生有自主探索意识的要求。所以本节课的设计很好地体现了这些应该体现的功能,使学生经历这节课的学习过程、活动过程,在生物学现象、问题的探究和理解、解释等方面的能力得到提升,为学科科学探究素养的落实探索了一些可实践的方法。

# 巧选时事热点、落实态度责任的初中生物学教学实践
## ——以"健康与疾病"单元复习课为例

杨浦区教育学院　麋玮珺

## 一、设计说明

### (一) 教材分析

"健康与疾病"单元是上海教育出版社初中《生命科学》第一册第三章的内容。本单元包含"认识健康""常见病及其预防"以及"医药常识与医疗技术"三部分。整个单元的编写围绕人体健康的概念、保持健康的方法及疾病的医治等方面展开,其中提供了大量与生活现象相关的数据及阅读资料。同时,本单元安排较多与日常生活相关的实验来完善学生对健康的认知。可见,教材编写者希望学生能够通过本节内容的理论学习,联系生活现象并最终能够科学、积极、健康地学习与生活。

### (二) 学情分析

学生已经在八年级完成本单元学习,当时学生学习热情较高,尤其是对于一些实践实验类的学习内容非常投入。进入九年级的复习阶段,学生对于本单元中零散的知识点还留有一定印象,但对于单元整体内容的应用和迁移能力偏弱,无法在实际生活中综合运用已学知识去解决或阐释相关问题,达到学以致用的目的。九年级学生已经具备理性思考的能力,对自身及周围人的健康也能够担负一定的责任,复习课将是一次提升态度责任的良好契机。

### (三) 设计思路

基于陶行知先生的生活教育理念及比格斯的 solo(可观察的学习结果的结构)理论,本节复习课围绕"新冠肺炎疫情"创设情境式教学,带领学生在情境中提升知识应用和迁移能力、建构章节知识框架并综合利用所学知识对社会现象

进行评价,以此提升社会责任感。具体过程见图1。

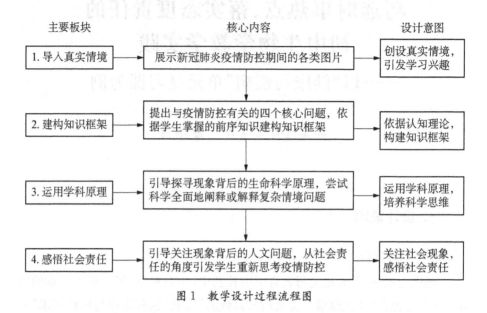

图1　教学设计过程流程图

## 二、教学目标

(1)围绕新冠肺炎疫情铺设问题链,构建健康与疾病单元的知识框架,提升学生知识梳理的能力,加强知识之间的链接。

(2)通过对新冠肺炎疫情期间的种种防疫措施的分析,理解人类可通过科学的防护措施与自身免疫功能的结合预防传染病,形成科学的防疫观念。

(3)通过对新冠肺炎疫情期间一些社会现象进行讨论分析,提升学生综合运用知识和结论阐释能力,同时培养学生的社会责任感。

### 三、教学重难点

(1)重点:理解人类可通过科学的防护措施与自身免疫功能的结合预防传染病,形成科学的防疫观念。

(2)难点:通过对新冠疫情期间一些社会现象进行讨论分析,提升学生综合知识运用和结论阐释能力,同时培养学生的社会责任感。

### 四、教学准备

教学PPT、"健康与疾病"单元复习卷。

## 五、教学过程

| 教学内容 | 教师活动 | 学生活动 | 设计意图 |
|---|---|---|---|
| 真实情境导入 | 【资料展示】PPT 展示新冠肺炎疫情期间的医护防护服、核酸检测现场、疫苗接种现场、疫情防控标语等图片 | 部分学生简单回应照片展示的大致内容 | 2020 年初至今,新冠肺炎疫情仍然影响着我们的生活。照片中展示的内容均来源于生活,能够激发学生共情,并增加学习兴趣 |
| 建构"健康与疾病"单元知识框架 | 【教师提问】<br>问题 1:抗疫期间,如何有效地防止疫情扩散?<br>问题 2:注射新冠疫苗能否抵御流感病毒,为什么?<br>问题 3:网传服用连花清瘟胶囊可以预防新冠,对此你怎么看?<br>问题 4:你如何看待当时武汉方舱医院医护人员带领患者跳舞的现象?<br>结合学生回答,教师需要追问,引导学生说出更多与本单元相关的知识和原理。依据学生的回答,整理并建构单元知识框架 | 学生围绕四个核心问题展开思考并回答:<br>问题 1:勤洗手、戴口罩等可以预防新冠肺炎。教师追问后学生补充道:这是从切断传播途径方面考虑的。<br>问题 2:注射新冠疫苗不能抵御流感,因为流感病毒和新冠肺炎病毒不同。教师追问后学生补充道,这是特异性免疫。<br>问题 3:药物不能随意服用,要听医生的话。<br>问题 4:跳舞可以调节心理状态,减少压力,有助于康复等等。<br>学生的回答运用到了许多零散的知识和原理 | 初中学生对于单点知识的记忆和理解能力较强,在回答问题时常常停留在某个独立的知识点或者表层现象上,无法运用单元整体框架或学科原理对某个问题进行综合的、深入的、有逻辑的阐释。本环节教师基于学生回答,通过谈话式教学,可以在最短时间内检测学生的前序知识并将"健康与疾病"单元中的核心概念架构完成,为后续综合应用知识以及深入使用学科原理做好铺垫 |
| 运用学科原理阐释新冠肺炎疫情期间的真实问题 | 小组活动 1:请你以科普者的身份向周围人普及与新冠肺炎相关的科学问题。<br>活动要求:依旧针对刚才四个核心问题展开讨论,比一比哪个小组的解释与说明更全面科学(其他小组可进行补充或反驳) | 学生围绕四个核心问题展开思考、讨论并阐释:<br>经过小组分享、补充后达成一致。<br>问题 1:学生分别从新冠肺炎的传染源管理、切断传播途径及保护易感人群三方面全面阐述预防新冠肺炎的方法,而不仅限于其中某个环节。<br>问题 2:学生从病原体种类入手,阐述抗原与抗体一一对应,说明人体特异性免疫 | 基于"健康与疾病"单元的核心概念框架,通过小组讨论,在生生互动间,学生的问题阐释逐步实现从单点结构层次到多点结构层次,再到关联结构层次的递进。最终,班级同学能够形成统一的看法并认识到对某一问题的阐释需要综合考虑多种因素,并挖掘出学科原理,这样的阐述更有逻辑并具有说服力 |

(续表)

| 教学内容 | 教师活动 | 学生活动 | 设计意图 |
|---|---|---|---|
| | | 的特点。同时指出接种疫苗在预防各类疾病时具有重要作用。<br>问题3：学生首先阐明连花清瘟胶囊是中成药，是祖国医学的一部分。虽然是非处方药，但是也要严格按照药品说明书或者医嘱服用。<br>问题4：学生基于健康的三个条件，阐明在患病及压力状态下，通过简单的体育锻炼缓解心理焦虑，利于康复痊愈 | |
| 换位思考，感悟社会责任 | (1) 小组活动2：日常生活中我们往往会看到老年人抢购连花清瘟胶囊并长期服用此药试图预防新冠肺炎；也有长辈看到网络谣言说方舱医院非常可怕。<br>请组内同学分角色扮演：缺乏医药常识的老年人、容易相信网络谣言的长辈。其他同学请用今天所学知识向他们科普正确的防疫知识。<br>(2) 教师引导：究竟是什么让普及科学知识遇到阻碍呢？我们该怎么应对？ | (1) 扮演缺乏医药常识老年人的同学故意不听同学的讲解或者故意扭曲同学的意思，令同学无从下手。相信网络谣言的长辈通常容易被说服，尤其当同学拿出书本和上课的笔记后，长辈通常都接受了同学的说法。<br>(2) 双方没有站在对等的知识基础上；没有从对方角度去理解问题。基于以上原因，学生说出用对方能够接受的观点，先考虑对方心理的顾虑和想法，通过专业的支持如书本、药品说明书、官方报纸等慢慢说服对方用正确的方式来看待和预防新冠肺炎 | 角色扮演中的两个场景均来源于真实的社会新闻热点。学生通过自己所学对此现象进行分析，利于养成关注社会热点并用所学去分析和阐释问题的良好习惯。同时，小组活动能引导学生换位思考，增加人文关怀，成为一个有温度的科普者 |
| 小结 | 在真实情境下，我们学会用生命科学所学的知识和原理，全面且深入地去探讨、解释甚至阐释一些问题，这就是我们学习这个学科的意义所在 | 学生经过本节课的学习能够认同学习生命科学的意义 | 将学科学习与日常生活相联系，使学生能够养成学以致用的好习惯 |
| 作业 | 完成"健康与疾病"单元复习卷 | 完成课后作业 | 总结巩固 |

## 六、板书设计

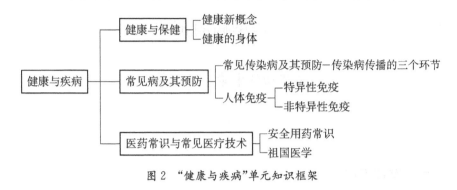

图2 "健康与疾病"单元知识框架

## 七、专家点评

本节课中跨学科指的并不是指两个不同学科知识的应用,而是跨学科能力的体现,主要表现在对各种信息的提取以及结合学科原理阐述真实事件,阐述现象的语言需规范、科学、完整且有逻辑。通过本节基于生活的情境化复习课,学生能够运用"健康与疾病"单元的核心概念完整且有逻辑地阐释简单基本的生命现象;能够用所学所知,对社会热点问题进行简单阐述。随着课堂的推进,学生的思维从单点结构层次—多点结构层次—关联结构层次—拓展抽象思维层次逐步递进。基于初中学生的抽象思维能力限制,教师还需在平日的教学过程中加强学生对于社会热点问题的探索和思辨能力的训练,以此提升学生的社会责任意识。

# 常见传染病及其预防(第 2 课时)

## ——传染病的预防

*杨浦初级中学　王淑馨*

## 一、设计说明

### (一) 教材分析

本课内容基于初中《生命科学》(第一册)第三章"健康与疾病"中的第二节"常见病及其预防",属于初中生命科学"健康"主题。本章是在学习有关人体知识的基础上,提出有关健康的内容,并在对健康的含义有了一定的认识以后,引导学生进一步了解常见病及其预防措施。本课主要内容是常见传染病的预防,是对本章节认识健康内容的深入和补充,也是本章节的重点。课标学习水平要求为 B 级。

### (二) 学情分析

在新冠肺炎疫情的大背景下,初二年级的学生对于传染病并不陌生,能简单说出一些预防传染病的方法,但只是停留在表面,对传染病的具体病因、流行的基本环节和预防措施的认知并不全面。此外,他们具备一定的分析、处理问题的能力,但自主学习能力并不强。因此,本课通过"徽章交换游戏"引入,激发学生的兴趣,逐步引导学生学会本课的重难点,进而培养学生具备生命科学学科中的核心素养。

### (三) 设计思路

中学生命科学学科的学科核心素养的一个方面就是"感悟生命,承担社会责任"。在初中学段中,主要体现在逐步养成健康的生活方式和良好的行为习惯。本课的学习内容是在上一课时学生学习了一些常见的传染病的基础上,将预防传染病的真实情境设计到活动主线"徽章交换游戏"中,通过游戏模拟的结果、真实数据的对比、归纳总结传染病流行的基本环节等过程,引导学生运用科学的思维逐步归纳总结出传染病的危害与传染病预防的重要性,在预防传染病时必须要全面认识该传染病流行的基本环节,同时结合目前新冠疫情的防控渗透生命教育,培养学生的社会责任意识。

具体流程板块见图1。

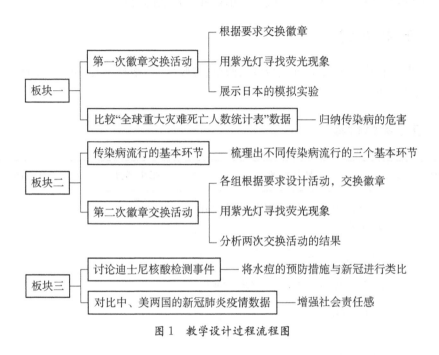

图 1　教学设计过程流程图

## 二、教学目标

(1)通过两次徽章交换游戏,体会传染病流行的特点以及传染病预防的重要性。

(2)通过对不同传染病三个环节的梳理,知道不同传染病需要不同的预防措施。

(3)结合生活情境感悟传染病预防人人有责,养成主动承担社会责任的意识。

## 三、教学重难点

(1)重点:① 通过两次学生活动"徽章交换游戏",知道传染病流行的特点,并意识到传染病预防的重要性。

② 通过知识的梳理了解不同传染病对应的预防措施,意识到当下的新冠疫情防控人人有责,养成主动承担社会责任的意识。

(2) 难点:通过知识的梳理知道不同传染病对应的预防措施,意识到当下的新冠疫情防控人人有责,养成主动承担社会责任的意识。

### 四、教学准备

课件、传染病相关资料、学习单、徽章、橡胶手套、塑料手套、紫光灯、荧光墨水、酒精湿巾。

### 五、教学过程

| 教学内容 | 教师活动 | 学生活动 | 设计意图 |
|---|---|---|---|
| 游戏引入 | (1) 请学生根据游戏规则(见图2)开展游戏。<br><br>**材料:** 手套、徽章<br><br>**任务:** 在指定时间内交换到不同图案的徽章<br><br>**要求:** 先握手 再交换<br><br>图 2　游戏规则图<br><br>(2) 游戏结束后,出示荧光现象的图片(见图3),请学生用紫光灯找一找手套等物品是否出现荧光现象,记录小组数据,提问通过数据发现什么现象?<br><br>有荧光现象　无荧光现象<br>图 3　荧光现象的图片 | (1) 根据要求进行游戏。<br>(2) 游戏结束后,用紫光灯寻找荧光现象。<br>(3) 经过数据统计,发现全班大部分同学都找到了荧光现象 | 通过游戏激发学生的学习兴趣 |

(续表)

| 教学内容 | 教师活动 | 学生活动 | 设计意图 |
|---|---|---|---|
| | (3) 解释游戏的目的是模拟某种传染病的传播,分析数据可知大部分同学都接触到了病原体。<br>(4) 强调游戏中的传染病主要通过接触传播,并不是每种传染病都是通过这样的方式进行传播的 | | |
| 传染病的危害 | (1) 根据游戏结果,出示日本媒体类似的模拟实验,提问:我们的游戏结果是否是偶然的? 大家是否能够得出传染病的特点呢?<br>(2) 出示全球重大灾难死亡人数统计表(见图4)<br><br>全球重大灾难死亡人数统计表<br><br>图4 全球重大灾难死亡人数统计表<br><br>提问:图表中哪些是传染病? 将图表中的传染病死亡人数据进行比较分析,有什么发现,原因是什么? | (1) 学生通过比较,证实游戏结果并非偶然,得出传染病具有传播速度快、悄无声息的特点。<br>(2) 观察统计表数据,找出黑死病、西班牙流感、新冠三种传染病,发现前两者的年死亡人数和总死亡人数极高,超越了其他灾难,而新冠的死亡人数相对较少,是因为新冠疫情与其他传染病发生的时代不同,我们掌握了更多的医学知识,懂得预防传染病的方法。<br>由此认识到传染病对人类的威胁极大,预防传染病非常重要 | 通过游戏结果与模拟实验的对比、"全球重大灾难死亡人数统计表"的比较,归纳出传染病的危害极大,传染病的预防极为重要的结论 |
| 传染病的预防 | (1) 回顾游戏过程,总结出传染病流行的三个基本环节。根据课本材料,请学生分组讨论并归纳整理新冠肺炎、艾滋病、肺结核、水痘四种传染病的三个基本环节。<br>总结:不同传染病的三个基本环节中的传染源和易感人群也不同。预防不同的传染病,要对该病有一个全面的认知。<br>(2) 以水痘为例,模拟水痘的传播过程,开展第二次徽章交换游戏。要求学生根据新的游戏要求(见图5)分组 | (1) 根据老师要求,分组讨论并完成新冠肺炎、艾滋病、肺结核、水痘四种传染病的三个基本环节。<br>(2) 以水痘为例,根据要求小组讨论并制定新一轮"徽章交换游戏"的方案,如握手前先用紫光灯照射、握手后用酒精湿巾擦拭手套、多带一层手套 | (1) 归纳出传染病流行的三个基本环节,认识到不同传染病流行的基本环节中的传染源和易感人群也不同。<br>(2) 了解传染病的预防措施,并能结合实际应用到生活中。 |

（续表）

| 教学内容 | 教师活动 | 学生活动 | 设计意图 |
|---|---|---|---|
| | 讨论、交流活动方案，各组根据指定的游戏方案开展游戏，讨论效果并反思。<br><br>任务：交换徽章、防止水痘流行<br>材料：徽章、手套、紫光灯、酒精湿巾、备用手套<br>要求：各组根据给定材料制定游戏方案，完成任务。<br><br>图 5　新的游戏要求图<br>（3）根据学生开展的具体措施和结果进行总结，针对传染病的三个环节制定预防措施。播放《疫苗是如何起作用的》视频，认识到疫苗是最有效的预防措施之一 | 做保护等各种措施。学生根据方案开展游戏，讨论效果并反思。<br>（3）观看《疫苗是如何起作用的》视频 | |
| 体会抗击新冠的艰辛，总结本课内容 | （1）出示迪士尼核酸检测事件的照片，提问上海这样的做法是否有必要？为什么？是否可以将水痘的预防措施类比在新冠上？<br>（2）出示"中美新冠疫情数据的比较表"（见图 6），提问：观察数据有何发现？中国的防疫措施是否有效？<br><br>中美新冠肺炎疫情数据比较<br>（截至2021年12月16日0时）<br><br>| 国家 | 累计确诊病例 | 现有确诊病例 | 累计死亡 |<br>|---|---|---|---|<br>| 中国 | 129 310 | 3 785 | 5 698 |<br>| 美国 | 511 457 02 | 100 846 40 | 821 549 |<br><br>图 6　中美新冠疫情数据的比较表<br>（3）总结本课重点，提升学生的社会责任意识 | （1）思考回答：有必要。将水痘的预防措施类比在新冠上，发现用紫光灯找荧光现象类似于做核酸，多带一层手套类似于戴口罩、用湿纸巾类似于酒精消毒等，归纳出预防新冠的重要性。<br>（2）比较中美新冠疫情数据表，思考回答：我国的新冠确诊病例等各项数据远远低于美国，可见中国的疫情防控效果远远优于美国，我国的防疫措施是非常有效的。<br>（3）感悟传染病预防的必要性，意识到每一个人都有责任去预防传染病 | 通过我国抗击新冠疫情的措施，使学生懂得积极应对疫情的重要性，从而提升学生的社会责任意识 |

## 六、板书设计

### 传染病的预防

| 传染病流行的基本环节 | 预防措施 |
|---|---|
| 传染源 | 传染源管理 |
| 传播途径 | 切断传播途径 |
| 易感人群 | 保护易感人群 |

## 七、专家点评

初中的生命科学课非常有趣,学生在做游戏的过程中便将知识记在了脑中,知识点看似很少、很简单,但老师课前的准备一点也不少。要上好一堂课,老师就要努力做到将复杂的内容简单化,将简单的内容复杂化,在课程的活动中要有精心的设计,要将所教的知识与生活相融合,结合学生熟悉的情境去解决知识学习的问题,教师通过活动的设计也能促进自身的成长。高中教师也要熟悉初中的教材,这样才能真实掌握学生的学习情况,在教学过程中做好知识的衔接。王淑馨老师的这堂课通过游戏、图表、数据等直观地展示了传染病的危害和传染病预防的重要性。整堂课师生互动性强,可以看出游戏设计也花费了一定的工夫,最终呈现的课堂效果是比较成功的。建议在教案准备及活动设计方面要做到更细致,目的性要更明确,语言表述要更严谨,要交代清楚活动的目的是什么,结果体现了什么现象。最后要提升重点和难点,这样学生的印象会更加深刻。

# 校园湿地知多少

## ——基于校园人工湿地设施的生态系统专题复习

上海市十五中学　代艳萍

## 一、设计说明

### （一）教材分析

"生态系统"是沪教版初中《生命科学》第二册第五章的内容，在课标中与第六章"城市生态"同属于主题四"生态系统"。其中，生态系统的组成及功能在课标中为B级学习水平，生态系统的稳定性学习水平要求为A级。

"生态系统"专题是在学习了主题三"生物的基本类群"的基础上提出的关注生物与环境之间关系的内容。从整体角度分析生物与环境的关系，引出生态系统这一概念，深入介绍其组成、功能，以及生态系统的稳定性及其原因和受到的影响；在此基础上进一步拓展地球上主要的生态系统类型和城市生态部分的内容。生物与环境相互依赖，相互影响，共同构成生态系统。生态系统内部发生的各种过程与作用，使其结构和功能保持相对稳定。生态系统稳定性对生物及人类的生存发展至关重要。

本课时主要的复习内容为生态系统的组成、人工湿地生态系统的主要功能、生态系统的稳定性及自我调节。生态系统的组成相对较基础，易理解，本课时的教学难点是利用人工湿地模拟自然湿地行使净化水质的功能及生态系统稳定性的探究，培养学生基于数据进行科学分析的能力和实事求是的科学态度。

### （二）学情分析

随着我国大力倡导和发展生态文明建设，学生对于生态环境、生态系统部分的内容并不完全陌生，且学生已对基本的生物类群、环境保护有了一定的知识储备，这对其理解生物与环境之间的关系具有促进作用。但是生态系统稳定性部分的内容相对抽象和复杂，还需结合具体的实例分析促进学生理解和巩固。

初三年级的学生在各科的学习中已经经历过不少的探究分析过程,知道基本的数据处理和分析的方法和原则,但表达方面的科学性和逻辑性还有所欠缺。此外,本课所选取的真实情境就来自学生身边,对熟悉的情境展开一些不是那么熟悉的案例分析,可以充分调动学生的积极性,激发学生的探究欲。

**(三)设计思路**

我校自 2020 年至今,陆续完成了 7 项校园生态环境设施设备的建设,包括"人工湿地""智能水质监测""云栽雾培——植物工厂""太阳能光伏机电""厨余垃圾转化处理""大气飘尘监测"以及"斑马鱼实验室",并基于此开发建设了生态环境课程群,作为拓展课程的一大分支,面向感兴趣的同学开放。

本课以校园内学生身边的小型人工湿地生态系统为真实情境,基于真实问题的分析和解决,对生态系统相关内容和知识进行复习并加以运用。通过观察校园人工湿地的组成,类比生态系统的结构组成。结合智能水质监测设备所采集记录的水质数据,引导学生探究验证人工湿地净化水质的功能。接着,基于

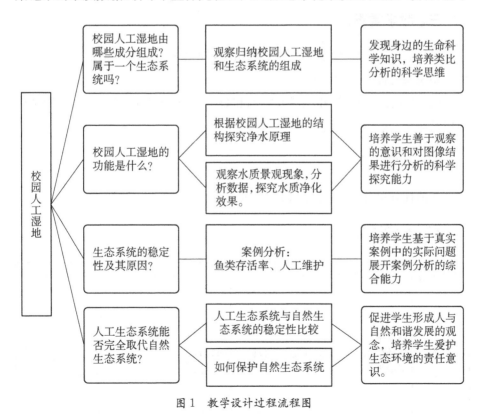

图 1 教学设计过程流程图

水质数据,通过一系列的案例分析,展开对于生态系统稳定性的探究。最后,引导学生思考,人工生态系统也可以行使类似自然生态系统的功能,那它可不可以完全取代自然生态系统呢？进一步让学生认识到自然生态环境的重要性,促使学生形成人与自然和谐发展的观念和保护生态环境的意识。

## 二、教学目标

(1)通过观察和设计校园小型人工湿地,归纳复习生态系统的组成。

(2)通过水质监测数据分析,评价并描述水质净化效果。

(3)结合数据分析真实案例,归纳生态系统稳定性的特征及维持稳定的原因,形成运用所学解释现象、解决问题的科学思维及展开数据分析的科学探究能力。

(4)了解人类活动对生态系统的影响,思考应对措施,树立保护生态环境的公民责任意识。

## 三、教学重难点

(1)重点:理解并说明生态系统的组成,知道人工湿地生态系统的功能及生态系统稳定性的维持与调节。

(2)难点:运用已学知识展开案例和数据分析,了解校园人工湿地的结构组成及净水功能,树立爱护生态环境的责任意识。

## 四、教学准备

课前任务单、课堂导学案、PPT多媒体课件。

## 五、教学过程

| 教学环节 | 教师行为 | 学生行为 | 设计意图 |
|---|---|---|---|
| 引入 | 创设情境:<br>视频引入本课主题情境——校园人工湿地 | 观看视频,亲身感受,回顾校园人工湿地的实际景观 | 从学生身边的校园生态设施入手,引导学生关注此真实情境,唤醒脑海中的画面,激发探究欲 |

（续表）

| 教学环节 | 教师行为 | 学生行为 | 设计意图 |
|---|---|---|---|
| 认识人工湿地——组成和功能 | 展示人工湿地实况照片：<br>【设问】校园人工湿地属不属于一个生态系统？判断依据是什么？ | 仔细观察照片，回顾生态系统的组成，判断人工湿地中的生物和非生物成分 | 引导学生结合照片和日常的观察，在分析和解决问题的过程中回顾生态系统的组成 |
| | 介绍上海为修复水环境建设的几个大型人工湿地，重点突出其净水功能，引导学生根据课前任务展开讨论：<br>【设问】我们的校园人工湿地是否同样具有净化水质的功能呢？ | 了解人工湿地建设的目的；思考校园人工湿地是否能够净水 | 展开人工湿地的功能探究。让学生了解到人工湿地具有的净水功能，继而引发学生对校园人工湿地功能的思考 |
| | 人工湿地结构探究：<br>展示学校人工湿地布置图（见图2）和水流示意图（见图3），引导学生思考水流路线这样设计的作用，尝试从生态效益和社会效益方面展开分析：<br><br>图2　学校人工湿地布置图<br><br>图3　水流示意图 | 观察人工湿地的结构图，思考水流路线的设计特点和意义 | 引导学生展开人工湿地小型生态系统的结构探究，以问题探究的形式充分调动学生的积极性和主动性 |
| | 小组讨论——湿地槽中生物与环境的关系<br>引导学生根据导学案中提供的信息，思考问题：<br>（1）为什么学校人工湿地中选种了再力花、美人蕉和鸢尾这三种植物，而不是芦苇、池杉等常见的湿地植物？<br>（2）为什么校园人工湿地选择了特殊的填料而不直接使用土壤呢？ | 阅读问题和资料，讨论探究植物和生长基质选择的依据是什么？ | |

（续表）

| 教学环节 | 教师行为 | 学生行为 | 设计意图 |
|---|---|---|---|
| | 【设问】校园人工湿地的净化效果如何呢？<br>展示 2020 年中庭花园人工湿地建设前后的照片（见图 4、图 5），引导学生使用目测的方法对水质进行比较。<br><br>图 4　中庭花园人工湿地建设前<br><br>图 5　中庭花园人工湿地建设后 | 思考人工湿地的净化效果。观察所给图片，从浑浊度或水体颜色进行对比分析。尝试描述所得结论 | 引导学生对人工湿地的功能展开验证，从肉眼的观察判断到基于数据的科学分析和比较，培养学生的科学思维能力以及实事求是的科学态度，锻炼学生的科学表达能力 |
| | 【设问】除了目测，我们还可以用什么方法更加科学和准确的来进行比较呢？<br>介绍智能水质监测设备，展示我校人工湿地生态系统运行前后的水质数据（见图 6）（经采集处理后）<br><br>表如下<br><br>图 6　人工湿地生态系统运行前后的水质数据图<br>引导学生进行比较分析及交流表达。 | 联系平时在校园中的所见所闻，思考比较水质的方法；尝试根据所得数据进行分析和交流 | |

| 指标 | 处理前 | 处理后 |
|---|---|---|
| 溶解氧（mg/l） | 7.31 | 8.95 |
| 电导率（$\mu$S/cm） | 363 | 245 |
| 叶绿素（$\mu$g/l） | 8.64 | 5.03 |

| 教学环节 | 教师行为 | 学生行为 | 设计意图 |
|---|---|---|---|
| 维护人工湿地——生态系统稳定性和自我调节 | 生态系统稳定性特征：<br>直观分析鱼类存活率——阶段性（见图7）<br><br>| 阶段 | 鱼类存活率 |<br>|---|---|<br>| 建设初期 | 较低 |<br>| 运行一段时间后 | 有所增加 |<br>| 运行稳定后 | 100% |<br><br>图7　直观分析鱼类存活率<br>【设问】人工湿地净化水质效果明显，但为何建设初期鱼儿存活率仍然不高呢？<br>【设问】我校小型人工湿地生态系统达到稳定后，鱼儿才全部成活，这体现了生态系统稳定性的什么特征？相对性和动态性：展示2021年月度平均电导率趋势图（见图8），结合学生课前记录并加以处理和分析的5天水质数据，引导学生对水质变化趋势进行分析和描述。<br><br>图8　2021年月度平均电导率趋势图<br>【设问】生态系统可通过自我调节来达到稳定，水质变化图体现出生态系统除了稳定性还有哪些特征？<br>【设问】生态系统可以通过_____来达到稳定？ | 根据表格，分析鱼儿的存活率与湿地运行时间的关系，思考生态系统稳定性的特征；分析水质变化的趋势，尝试总结生态系统稳定性的特征；思考校园小型人工湿地生态系统是否具有自我调节能力 | 鱼儿观赏价值高，同学们常常围在人工湖旁观赏，通过分析身边的真实案例，再次引起学生的好奇和关注。引导学生回顾生态系统稳定性特征——阶段性。学生参与完整的数据采集、处理、分析过程，根据图表结果，回顾生态系统稳定性和自我调节部分内容。培养学生的科学思维和展开数据分析及总结的能力，促进学生形成稳态与平衡的生命观念 |
| | 自我调节能力比较：<br>【设问】我校小型人工湿地生态系统的自我调节能力能够和自然湿地生态系统相媲美吗？ | 阅读案例材料，思考校园人工湿地需要人工维护的原因；分析对比自然湿地生 | 通过真实案例分析，回顾生态系统自我调节能力与生态系统结构之 |

123

（续表）

| 教学环节 | 教师行为 | 学生行为 | 设计意图 |
|---|---|---|---|
|  | 引导学生展开案例分析：<br>【案例分析】<br>（1）据了解，进入秋冬后，我校中庭人工湿地管理人员便会陆续割除并清理其中的枯萎植物。<br>（2）当校园人工湿地某一项水质指标长时间超过阈值时，智能水质监测系统会自动报警，学校管理人员便会立即更换部分鱼池中的水，以维持指标正常。<br>【设问】校园人工湿地的管理维护人员采取这些措施的原因是什么？<br>【设问】自然湿地生态系统需要以上的人工维护措施吗？为什么？ | 态系统和人工湿地生态系统的稳定性及自我调节能力 | 间的关系。引导学生展开对比分析和讨论交流。锻炼和提升学生提取信息、结合所学知识分析信息，解释现象，以及科学表达的能力 |
|  | 保护自然生态环境重要性：<br>【设问】在人类社会飞速发展的今天，人工生态系统是否可以完全取代自然生态系统？<br>【设问】目前自然生态系统受人类活动影响剧烈，我们该怎么做？作为中学生的我们也是地球公民的一员，我们可以怎么做呢？ | 思考自然生态系统对于人类生存和发展的重要性。<br>提出相应的保护措施和建议 | 引导学生理解虽然人工生态系统是模拟自然生态系统建设的，但一定程度上可行使一定的自然生态系统的功能，但不可能完全取代自然生态系统。促进学生形成人与自然和谐发展的观念，唤起学生爱护生态环境的责任意识 |
| 小结 | 在校园中的真实情境下，我们利用所学知识和原理，探究了生态系统内生物成分和非生物成分之间存在的相互作用。通过真实案例分析，比较了自然生态系统与人工生态系统之间稳定性的差异，使学生更加深刻地感受到自然生态系统的复杂性与重要性，并意识到保护生态环境具有重要意义 | 回顾本节课的主要内容 | 总结本节课，感悟自然生态系统的复杂性和稳定性，强化保护生态环境的责任意识 |
| 作业 | 完成课后作业。（见附录） | 完成课后作业 | 在生命科学复习课中适当增加案例分析的题型，提升学生提取信息-分析信息-结合所学解决问题并科学完整地表达的能力 |

附录　　　　　　**校园湿地知多少课后作业**

1. 横线上选填"种群"或"生态系统"：

一个池塘中所有的鲫鱼：_____

一片大草原上所有的生物及其生活环境：_____

2. 根据右图判断校园人工湿地在校门口的_____
方位。

3. 我校人工湿地中目前已种植有挺水植物：再力花、
鸢尾、美人蕉和荷花，浮水植物有睡莲，未做沉水藻类设
计。请你根据下面的材料信息，试分析向我校人工湿地引入沉水的藻类植物是
否可行，并阐述原因：

材料一：关于藻类引发的水华，国内有学者根据藻类本质和各种藻类水华
的共同特征而给出了水华衡量数据指标：轻度水华的水体中藻类个数约为 $1 \times 10^6 \sim 1 \times 10^7/l$，中度水华的水体中藻类个数约为 $1 \times 10^7 \sim 2 \times 10^7/l$。

材料二：下图为2021年月度平均总藻个数趋势分析。

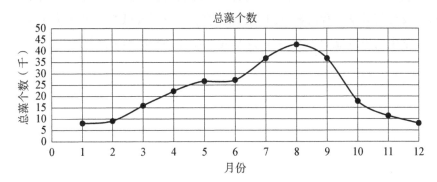

4. 咱们学校中庭人工湿地景观用水的水质目标是：维持二类水质。请同
学们根据小组采集的溶解氧数据进行分析，这个目标能否实现并维持？

**溶解氧指标**

| | Ⅰ类 | Ⅱ类 | Ⅲ类 | Ⅳ类 | Ⅴ类 | |
|---|---|---|---|---|---|---|
| 地表水 | 27.5 | 26 | 25 | 23 | 22 | |
| 景观水 | | | A类 | B类 | C类 | |
| | | | 25 | 24 | 23 | |
| 黑臭水体 | | | | | 轻度黑臭 | 重度黑臭 |
| | | | | | 0.2~2 | 0.2 |

## 六、板书设计

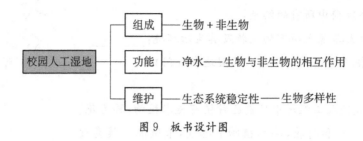

图 9　板书设计图

## 七、专家点评

初中生物学的目标之一就是使学生初步具备起科学探究能力,能够分析解决真实情境中的生物学问题。本节课很好地展示了实现这一大目标的一种具体有效的途径和方法。教学基于学校的真实情境展开,让学生能真实地研究、真实地思考,在真实的实验活动中获得真实的学科素养。同时在课堂中设置问题,不仅仅使教学过程流畅,而且能引发学生逐级深入思考真实问题,在这一过程中,学生的思维能力不断提升,这是我们设计一堂课的最终目的。

# 第二部分
# 发现生命教学之法

## 生命科学工作室研究论文

    真实课堂承担着培养学生核心素养的重任，我们不仅仅要探索真实课堂教什么、怎么教，还要探索我们的课堂为什么教，更要探索真实课堂蕴含的落实核心素养培养的基本之法、简易之道。

# 发现生命教学之法

　　真实课堂承载着培养学生核心素养的重任,我们不仅仅要探索真实课堂教什么、怎么教,还要探索我们的课堂为什么教,更要探索真实课堂蕴含的落实核心素养培养的基本之法、简易之道。我们通过构建氨基酸模型教具,来帮助学生更好地理解氨基酸的结构,进而理解蛋白质的多样性,通过模型构建落实生物学概念学习,在概念理解基础上实现结构和功能相统一的生命观念的真正落实。我们通过重温生物科学史,让学生在追寻中触摸科学家们的思想轨迹,更好地理解生物概念的方法,从而引导学生的实践活动,科学思维素养。我们通过对实验材料选择、实验设备替换、实验方法的更新,以及给予学生适度的自主权来选择参与多样化的实验及其过程,不仅让学生在定性实验的基础上,学会关注定量实验,使学生在量的变化中了解事物的本质,更重要的是让学生通过思考、动手实践、相互交流来提升科学探究素养。我们通过"探究流行性疾病传播方式""人类活动和生物多样性关系研究"等生物学社会性议题的研究,促进学生社会责任的形成和发展。我们通过设置恰当的生活情境、模拟情境、科技情境、实验情境、试题情境等,以各类情境中的问题为导向,帮助学生发现问题、解决问题,激发了学生的创新思维,发展了学生的学科核心素养。我们还在不断探索,期待发现更多属于我们生物学真实课堂的自然、简洁、明了的教学方法。

# 指向科学思维素养的生物科学史教学策略

## ——以《光合作用过程》教学为例

上海理工大学附属中学　顾淼淼

**【摘要】** 本文以高中生物学科学史为研究对象,在厘清科学思维与科学史教学内涵的基础上,分别从情境导入、模型构建、递进探究几个层面,结合具体教学实例,探讨提升科学思维素养的高中生物学科学史教学策略。

**【关键词】** 科学思维　核心素养　生物科学史　教学策略

《普通高中生物学课程标准(2017 年版 2020 年修订)》在实施建议中倡导高中生物学教学要注重科学史与科学本质的学习。生物科学史是探索生命现象、揭示生命规律的史实。在学习生物科学史的过程中,学生将沿着科学家探索生物世界的道路,理解科学的本质和科学研究的思路和方法,学习科学家献身科学的精神,从而提升学生的生物学科核心素养[1]。

科学家对于光合作用的探索历经 300 余年,涉及原料、产物、场所、具体的过程机制等许多方面。正是各国科学家坚持不懈的实验探索和研究,光合作用的神秘面纱才能逐步被揭开,并为指导农业、工业生产提供充分的理论依据。在《光合作用过程》这一节内容的教学中,笔者以光合作用科学史为载体,采用不同的教学策略,引导学生通过课前导学、归纳概括、建模、探究等活动构建光合作用过程,落实培养科学思维等生物学科核心素养的目标。

### 一、引"史"溯源,激发学习兴趣

在《光合作用过程》学习之前,学生已经对赫尔蒙特、英格豪斯、萨克斯、恩格尔曼、鲁宾和卡门等科学家的实验有所了解,对光合作用有基本的认识,即光合作用是一个在叶绿体中,利用光能将 $CO_2$ 和 $H_2O$ 转化成糖类,并释放 $O_2$ 的过程。

但光合作用的具体过程如何,又是如何逐步被发现的,是这一节课的重难点。本节课以瓦尔伯的闪光实验作为导入情境,将科学史与教材内容进行了有效衔接,第一时间激发了学生的求知欲和学习兴趣,奠定了启发式和探究式学习的基调。

基于闪光实验的科学史情境,学生通过探讨和分析得出结论,即光合作用释放 $O_2$ 的过程依赖于光照,糖类的生成过程可以不需要光照,并由此获得了光合作用分为光反应阶段和碳反应阶段的相关知识,从而进一步展开光反应和碳反应的学习。

生物学概念是核心素养的载体,而情境是将知识转化为素养的重要途径。科学史体现的是科学家的研究思路和探究方法,最终呈现的是生命现象和生命规律。利用科学史作为教学情境,不仅激发学生的学习兴趣,更能引导学生站在科学家研究的角度进行深入思考和探究,在获取相关知识的同时,学生的科学思维也得到发展。

### 二、解析"史"料,构建概念模型

模型构建是生物学教学中帮助学生形成科学概念的常用方法,概念模型在帮助学生理解生物学重要概念、提高核心素养等方面均扮演着重要角色[3]。概念模型有利于深化学生对概念的直观理解,使概念更加系统化、直观化,从而更好地理解概念的内涵和外延。此外,概念模型的构建过程也是学生的科学思维不断完善、提升的过程。

在光合作用光反应的学习过程中,笔者设计了光反应模型建构的学习活动,以"寻找线索→分析推理→模型构建→完善概念"作为学习主线,通过完成三项任务来构建光反应的概念模型。

学生先自主阅读希尔、阿尔农、贾格道夫关于光合作用过程研究的资料,获取光反应相关信息,通过分析推理寻找光反应各线索之间的联系,阐述高能电子和 $H^+$ 的来源和去路。接着,教师补充介绍 ATP 合成的化学渗透机制,阐明光反应中 ADP 和 Pi 形成 ATP 所需的能量来自 $H^+$ 跨膜运输产生的势能,引导学生进一步理解类囊体腔中 $H^+$ 的来源和积累 $H^+$ 的意义。在此基础上,学生将光反应的信息进行整合,构建光反应的模型,并根据所构建的模型说明光反应的完整过程。在说明的过程中及时发现问题并修正模型,最终构建出完整的光反应模型。

在上述学习光反应的活动中,笔者将希尔实验、阿尔农实验、贾格道夫实验三则科学史资料进行简化处理,作为构建模型的支撑材料。学生通过阅读分析科学史资料获取关键信息,在思考问题的过程中,能够体会到科学实验的严谨性和科学实验方法的重要性。通过引导学生绘制概念图的方法,运用符号、箭头等方式对相关概念进行联系并加以说明,为课堂中主动构建概念模型提供了能力基础。在活动中渗透相关的策略帮助学生积极、主动地构建概念模型,从而使学生更好地理解概念的内涵和外延,同时提升科学思维。

### 三、亲历"史"实,推进探究活动

美国科学家卡尔文与他的同事们用了近十年的时间探明了光合作用碳反应的过程,卡尔文探究碳反应的历程不仅体现出了科学家本人的研究思路和研究方法,也体现了不同学科、技术之间的融合,学习卡尔文循环探究的科学史是培养学生生物学科核心素养的重要途径。在碳反应的学习过程中,笔者以卡尔文实验研究作为探究碳反应的主线索,创设递进探究式学习活动。图1是教学片段。

图1 探究碳反应教学片段

在碳反应的学习过程中,以卡尔文实验过程来创设探究情境,使学生身临其境,沿着卡尔文研究的道路逐步探索。随着递进式探究学习的开展,碳反应的过程被逐步揭开,最终构建出碳反应的模型。学生在递进式探究过程中提升了思维品质,学习了科学家勇于创新、坚持不懈的科学研究精神,体会到科学研究的艰辛,领悟了学科的深度融合、学科技术对学科发展与社会进步的巨大推动作用。

### 四、生物科学史教学的思考

在高中生物学教学中,有很多科学史资料,除了光合作用发现史外,还有如细胞质膜的探索史、酶的探索史、植物激素发现史、遗传物质发现史、DNA 分子结构探索史、遗传规律发现史等。生物科学史是培养学生生物学科核心素养的重要载体,但是如何才能有效发挥科学史在课堂教学中的作用,值得教师深思和探讨。

科学史资料的使用需要进行预处理。科学家的科学实验往往具有很强的专业性,很多科学史研究资料如果原样照搬直接使用,则会出现学生看不懂、无法理解等问题,结果只会使学习时间增加、学习难度增大,不仅达不到预期效果,还会适得其反。因此,教师在引用科学史资料时往往需要根据学情进行预处理,如简化提炼突出重点内容,或者将过程、结果等以图表等形式呈现,只有将所引用的科学史材料变得更直观、更易懂,学生才能从中获取有效信息,或进行深入的思考和探究,从而达到教学目的。

科学史资料应采用不同的策略加以呈现。在教学过程中,科学史资料的呈现方式并不唯一,所要达到的教学效果也可以多样化。如前文所述,科学史可以作为一堂课开始的情境导入,可以作为构建模型的支撑资料,可以作为创设探究活动的情境资料等等。总而言之,教师要基于学生的特点,将科学史资料合理地运用在学习活动中,引发学生的兴趣,引导学生进行思考、讨论、探究,从而落实学生科学思维等核心素养的培养。

**参考文献**

[1] 中华人民共和国教育部.普通高中生物学课程标准(2017 年版 2020 年修订)[M].北京:人民教育出版社,2020.

[2] 林建春,生物学教学中概念模型的主动构建策略及其应用[J].生物学教学.2022(6):25-27.

# 论证探究式教学模型在高中生物学教学中的实践

## ——以"光合作用探究史"为例

复旦大学附属中学　李敏

**【摘要】** 科学思维和科学探究是高中生物学学科核心素养的重要组成部分,能够促使学生科学观的形成。论证的能力是科学素养的重要组成,在双新背景下愈显重要。论证探究式教学模型(argument-driven inquiry, ADI)由国外学者在构建主义的基础上提出,旨在培养学生的论证能力,国内已有学者将该模型理论引入。本文结合国内高中生物学教学实践,开发具体教学案例,探索培养学生科学论证的能力。

**【关键词】** ADI　教学模型　高中　生物学　实践

《普通高中课程方案》(2017年版2020年修订)指出,普通高中课程应培养学生具有科学文化素养和终身学习能力,倡导学生敢于批判质疑、探索解决问题。在此背景下大力推进教学改革,关注学生的学习过程,促进学生自主、合作、探究地学习。论证探究式教学模型以构建主义思想为指导,主要实施环节包括:提出任务、收集数据和资料、构建论据、论证、研究报告撰写、相互评价、改进、讨论和反思[1]。在教学中鼓励学生自主发现问题、搜集资料,围绕科学问题展开科学论证并以口头和书面语言呈现,再通过相互评价和提问的环节对自己的观点进行辩护和修正。在高中生物学教学中开展 ADI 教学实践,对培养学生的科学思维,引导学生经历科学探究有重要实践意义。

目前关于 ADI 教学模式的研究以理论研究较多,实践运用常与科学实验教学结合,在理论教学中的应用较少[2][3],本文以"光合作用探究史"的理论教学为例,介绍 ADI 教学模型在实践教学中的应用。光合作用的发现过程是众多科学家多年探究的科学史,传统教学方法沿着科学家探究历程的时间轴展开,教学方法较为单一,学生的体验比较枯燥。采用 ADI 教学模型,可以通过课前活动搜集资料、初步论证,再以课堂讨论构建评价标准的方式激发学生的批判性思维,再以小组合作讨论的形式完善论证和研究报告的撰写,培养学生的表达能力,最后通过评价和反思进行总结。将教学实施过程打造成学生展示交流的平台,不仅让教师关注学生的学习过程,更让学生体验到自主学习过程带来的乐趣,了解科学观点构建的本质,提高科学素养。

### 一、课前准备活动,搜集资料初步论证

课前准备活动需要完成提出任务、收集数据和资料、初步构建论据三个重要环节。教师提供课前学习资料(见附录),引导学生阅读教材、查阅文献资料,初步完成论据构建。为了明确论据构建的方向,可通过说明进行适当限定。如在本节课的设计中,对科学史资料分类整理后确定论证方向包括但不仅限于光合作用的场所、条件、原料和产物。对论点、论据提出简要的说明和要求,也有利于引导学生科学规范展开论证。

收集到学生的初步论证材料,教师需要认真阅读并根据课堂教学目标深入挖掘有效资源,形成基于学生学情的生成性教学环节。在本节课的实施过程中,教师有意引导学生提出合理论点、构建有效论证,因此,在课前学习资料整理中,重点选取了部分学生的论点和论证内容,为课堂教学环节的展开做铺垫。

### 二、构建评价标准,激发批判性思维

在课堂教学的第一环节,展示部分学生在课前学习资料中的论点和论证内容(见表1、表2)。通过问题一步步引导学生剖析何为合理、清晰的论点,如何构建有效论证,从而构建符合学生能力的论证评价标准。

**表1　与"光合作用的场所"有关的论点**

| 编号 | 论　　点 |
| --- | --- |
| 1 | 光合作用中叶绿体在反应中的作用 |
| 2 | 光合作用的发生需在叶绿体上进行 |
| 3 | 叶绿体可以释放 $O_2$ |
| 4 | 光合作用在叶绿体上发生 |
| 5 | 叶绿体只是反应的场所,并不参与光合反应 |

表2　学生论证内容部分案例

| 编号 | 论点 | 论 证 内 容 |
|---|---|---|
| 1 | 光合作用在叶绿体上发生 | 1881年,恩格尔曼利用水绵和好氧细菌进行实验,确定了光合作用在叶绿体上发生。<br>1864年,萨克斯的淀粉生成实验也能侧面体现出这一点;叶片是进行光合作用的主要器官,而叶绿体就是叶片进行光合作用的场所 |
| 2 | 光照强度影响光合作用 | 光条件下,小鼠和植物在密闭钟罩中,小鼠活;无光条件下,小鼠死。把绿色叶片放在暗处几小时,一半曝光,一半遮光,用碘液蒸干叶片,则未遮光部分变蓝。可见光合作用需要光照 |
| 3 | 光合作用的产物 $O_2$ 全部来自 $H_2O$ | 以上实验能说明 $CO_2$ 中的氧完全没有参与形成 $O_2$,$O_2$ 中的氧原子全部来自 $H_2O$,但无法确定 $H_2O$ 中的氧是否完全参与生成 $O_2$ |
| 4 | 光合作用的产生必须要有光照 | 早在《齐民要术》中,贾思勰就提出,在无光照情况下"五谷不植";1779年,英格豪斯也发现,是否有光照对小鼠的存活有着至关重要的影响,两者均指明了光照于植物的特殊意义。萨克斯于1864年进行的淀粉实验一方面证明了淀粉是光合作用的产物之一,另一方面也说明了在无光照情况下无淀粉生成,因此证明了光照是植物光合作用的必要条件之一。在生活中,朝南的阳台光照条件好,植物生长较北面更为茂盛,也间接说明了这一点 |

展示学生所提出的与"光合作用的场所"有关的论点,提问:"最喜欢的论点是哪个?"从感性的角度引导学生给出评价,再理性分析最喜欢的论点与其他论点相比有哪些特点,从而认识到论点应当指向明确、简洁明了。

展示案例的目的是激发学生思考并总结出论证内容构建的要点。分析案例1,学生发现萨克斯淀粉生成实验不能说明光合作用的发生场所是叶绿体,得出"论据要充分说明论证观点"的评价标准;分析案例2,学生发现论点清晰,论据也正确,但未做到"论点与论据相符";案例3和案例4是正面案例,分别引导学生发现"论证内容应当逻辑严密""论证可从多角度展开"。

将课前学习活动的反馈作为第一环节在课堂上展开,充分调动了学生学习热情,这一环节不是简单地展示,而是充分调动学生的批判性思维,形成科学提出论点、展开论证的评价标准,为下一个教学环节的展开做好铺垫,也符合ADI教学模式的理论基础——建构主义理论,即知识并不能简单地直接从一个人传递给另一个人,而需要学习者有意识地建构[4]。

## 三、小组合作讨论,培养论证表达能力

在已构建的评价标准之上,教师补充提供光合作用的研究资料,学生以小组为单位,选择光合作用某一主题,合作讨论提出论点、构建论证,撰写科学报告,口头表达进行交流展示。这一环节以课堂实践活动的形式,搭建学生科学思维展示的平台,将共同构建的论证标准内化,直观呈现了课堂教学效果。

在本节课教学实践中,分别选取了四个小组的学生为代表,围绕光合作用的场所、条件、原料和产物分别提出论点、展开论证。现场的论证环节对学生的反应能力、逻辑思维的严密性提出了较高的要求,并要求作为听众的学生参考评价标准对现场论证进行评价,课堂活跃程度也达到最高点。

## 四、开展评价质疑,促进反思总结

最后再回到评价和质疑的环节,触发学生的改进、反思和总结。参照课堂上构建的论点、论据评价标准,参与评价质疑的学生能在认真倾听他人的基础上言之有据,准确和清晰地表达自己的评价质疑观点,营造出乐于表达、相互尊重、重视证据和批判性思维的课堂氛围。

本案例在教学实施过程中以注重证据、思维提炼、逻辑性表达的构建主义思想为基础,以 ADI 教学模式来规范教学流程,以教师为引导、学生为主体,教学实施过程对教师的教学能力和学生的学习能力提出较高的要求,也带给了师生一致的良好体验,体现了 ADI 教学模式在教学实践中的价值。在今后的教学中需要继续学习 ADI 教学模式理论,寻找教学切入点,形成系统性更强的教学评价工具,发挥这一教学模式在培养学生科学思维、论证、科学协作等方面的优势。

**参考文献**

[1] 何嘉媛,王璇,刘恩山.基于论证探究式教学模型的行动研究[J].生物学通报,2013,48(11):21-27.

[2] 陈川瑜.国内 ADI 教育研究综述[J].广西教育,2017(1):16-18.

[3] 倪元媛,徐作英.论证探究式教学模型在科学实验教学中的设计[J].生物学教学,2017,23(2):43-44.

［4］何嘉媛,刘恩山.论证探究式教学模型及其在理科教学中的应用[J].生物学通报,2012,47(10):27-31.

**附录 课前学习资料**

## 光合作用的研究历史(预学案)

一、光合作用是地球上最重要的化学反应,人类对这一过程的研究已经进行了300多年,下表相关史料提纲展示了人们从光合作用的条件、场所、原料和产物等角度展开的探讨,阅读课本(P63—65)、查阅资料并完成填空,了解光合作用研究史。

| 编号 | 年代 | 人物 | 相关史料提纲 |
|---|---|---|---|
| 1 | 约公元前300年 | 亚里士多德 | 根据观察总结,植物生长离不开土壤,提出"土壤汁"的说法 |
| 2 | 约公元500年 | 贾思勰 | 《齐民要术》卷五《种榆、白杨》:榆性扇地,其阴下五谷不植。种者,宜于园地北畔 |
| 3 | 1642年 | 赫尔蒙特 | 实验:柳树生长之谜 |
| 4 | 1771年 | 普利斯特利 | 实验:蜡烛、小鼠和植物,发现植物可_____空气 |
| 5 | 1779年 | 英格豪斯 | 重复普利斯特利的实验500多次,发现_____是实验成功的必要条件 |
| 6 | 1785年 | 卡文迪许 | 发现空气组成 |
| 7 | 1864年 | 萨克斯 | 淀粉生成实验 |
| 8 | 1881年 | 恩格尔曼 | 利用水绵和好氧细菌进行实验,确定光合作用在叶绿体上发生。 |
| 9 | 1937年 | 希尔 | 利用离体叶绿体,不提供 $CO_2$、只提供草酸铁作电子受体,叶绿体不合成有机物,但可释放氧气 |
| 10 | 1939年 | 鲁宾和卡门 | 同位素标记_____(填元素),证明了_____来自_____ |
| 11 | 1940年 | 卡尔文 | 同位素标记_____(填元素),探明了_____转化为_____的途径 |

二、围绕光合作用的场所、条件、原料、产物等角度,提出你感兴趣的一个问题(论点),并使用以上资料,结合生活实际,运用生物学相关知识,展开论证:

要求：

（1）选择与光合作用相关的论点；

（2）准确使用生物学学科术语，概括使用上述史科中的事实论证，必要时可用数据、图表充分支持论点；

（3）论证中论点、论证逻辑准确、连贯、完整；

（4）论证内容字数不少于50字。

你的论点是：＿＿＿＿＿＿＿＿＿＿＿＿＿＿＿＿＿＿＿＿＿＿

论证内容：＿＿＿＿＿＿＿＿＿＿＿＿＿＿＿＿＿＿＿＿＿＿＿

＿＿＿＿＿＿＿＿＿＿＿＿＿＿＿＿＿＿＿＿＿＿＿＿＿＿＿＿

＿＿＿＿＿＿＿＿＿＿＿＿＿＿＿＿＿＿＿＿＿＿＿＿＿＿＿＿

＿＿＿＿＿＿＿＿＿＿＿＿＿＿＿＿＿＿＿＿＿＿＿＿＿＿＿＿

＿＿＿＿＿＿＿＿＿＿＿＿＿＿＿＿＿＿＿＿＿＿＿＿＿＿＿＿

＿＿＿＿＿＿＿＿＿＿＿＿＿＿＿＿＿＿＿＿＿＿＿＿＿＿＿＿

# 情境探究式教学的应用

## ——以影响光合作用的因素为例

上海交通大学附属中学　孙秀敏

**【摘要】** 情境探究式教学应在学习过程中创设情境,使学生深入问题并在情境中主动发现问题,寻找解决问题的方法,尝试设计实验并进行自主探究,最终通过实践领悟生物学奥秘。

**【关键词】** 情境探究式教学　创设情境　提出问题　自主探究　学以致用

生物学新课程标准明确了学生要加强生物学概念的理解,提升应用知识的能力,培养创新精神,进而能运用科学的观点、知识、思路和方法探讨或解决现实生活中的某些问题。[1]在课堂上运用情境探究式教学,有利于学生独立思考,积极主动解决问题,充分发挥学生的最大潜能。

情境探究式教学可以分为创设情境、提出问题、自主探究、学以致用四个环节。创设情境是提出问题的基础,提出一个好问题又可以作为一个新的情境呈现给学生;提出问题与自主探究形影相伴、携手共进;在自主探究的过程中也可以提出新的生物问题;应用生物知识解决实际问题本身就是一个解决生物问题的过程,在生物知识的应用过程中也可以提出有意义的生物问题,而一个好的生物应用问题本身又构成一个好的生物情境。四个环节密切联系,相互依存,相互制约,构成了"情境——提问——探究——应用——情境——提问——探究——应用……"教学链,这是一个有机相连,前后贯通,不断延伸的、开放的、动态的教学系统。在课堂教学中既可以从某个环节切入,也可以在某个适当的环节结束。下面以"影响光合作用的因素"为例具体介绍实施过程。

### 一、创设情境，激发兴趣

创设情境可有效地激发高中生的学习兴趣，使其主动积极地参与到学习与科学探索中。生物学与日常生活息息相关，也是当今世界重点研究的科学科目之一，其发展状况影响着一个国家医学、农业等各领域，高中生物的学习兴趣培养影响着学生今后选择专业和职业的方向，因而高中生物在教学过程中可以通过采取各项措施提高学生兴趣。教师在进行情境教学时应根据高中生学习的特点注意以下几个问题：①情境的创设要紧扣教材内容和重要知识，并结合学生们的实际学习能力设置灵活多变、创新思维发展的情境；②在创设情境过程中，提出的问题要尽量明确，找准重点；③创设情境的目的是让学生们能在一个相对愉悦的环境下学习知识，因而在这一过程中教师应注意使自己与学生始终处于欣愉的状态，以培养师生之间的默契，确保教学任务与目的能够顺利达成。

在课前，教师带领学生参观学校温室。学生看到温室里的圣女果挂在枝头时，都非常感兴趣，还竞相自创诗歌。将真实的校园作为情境，既可以唤起学生的联想，又可以引导学生进一步探索科学知识。

**渔歌子·咏交中温室圣女果**

高一(16)班　郑自迩

层叶深青小果红，竹窗曦照入篱中。

晨云淡，晚秋浓，和光暗卷漫清风。

**咏圣女果**

高一(16)班　牟秋宇

黄花昨夜开，不惧雪霜白。

应喜和风至，严冬送果来。

### 二、提出问题，深入思考

#### (一)通过问题串引导思考

学源于思，学生只有自己思考了才会有实质的收获，才能将教师所讲的知识内化于心。教师要准确、合理、有思维梯度地引导学生积极参与课堂知识的发掘，培养学生的创新意识，让学生的思考有方向、有目的、有所得。学生根据教师提出的有层次、由简单到深入、逐渐递进式的一串问题，会一直处于积极思考的兴奋状态,求知渴望和学习兴趣会得到极大的激发。

例如本节课中,教师展示不同温室圣女果的图片,然后提出问题:两个温室的圣女果有什么不同?影响光合作用的因素有哪些?如何验证你的假设?学生看着展示的图片思考问题并在脑海中搜索已学知识,包括小组成员讨论的结果、课本内容、通过做实验获得的答案,这样的问题串将本节课的大部分知识点都隐含在问题中让学生去探索去发现。学生在自己思考或小组讨论后得到问题的准确解答,不仅更加深刻地学习了知识,而且体会到成功解决问题的喜悦,教师根据学生解决问题的情况会有重点地实行新课教学,大大提高课堂效率和学生的学习效果。

**(二) 深入思考,自主设计**

学生自主设计的探究 $CO_2$ 浓度对光合作用的影响实验方案如下:

实验材料:黑藻

实验仪器、试剂:溶解氧传感器、计算机、LED 灯、锥形瓶、不同浓度的 $NaHCO_3$

实验方法:

(1) 记录溶解氧初始读数;

(2) 将装有等量黑藻的锥形瓶放在强度为 12 W 的 LED 灯下照射 6 分钟;

(3) 记录不同 $NaHCO_3$ 浓度下溶解氧的读数,并求变化量。

实验记录:

| 组别 | 条件(影响光合作用的因素) | | | $O_2$ 浓度变化 (瓶 1) | $O_2$ 浓度变化 (瓶 2) | $O_2$ 浓度变化 (瓶 3) |
| --- | --- | --- | --- | --- | --- | --- |
| | 温度 | 光照 | $NaHCO_3$ 浓度 | | | |
| 1 | | | 0% $NaHCO_3$ | | | |
| 2 | | | 1% $NaHCO_3$ | | | |
| 3 | 室温 | 12 W | 1.5% $NaHCO_3$ | | | |
| 4 | | | 2% $NaHCO_3$ | | | |
| 5 | | | 2.5% $NaHCO_3$ | | | |
| 6 | | | 3% $NaHCO_3$ | | | |

实验结果曲线图:

实验分析与讨论：

### 三、自主探究,追寻本质

19 世纪以来,当实验方法成为生物学主要的研究方法时,人们开始人为地干预、控制所研究的生物对象,并通过这种干预和控制所造成的效应来研究生物的一些属性,这让生物学成为真正意义上的科学,特别是现代生物学,如果离开实验,几乎就不可能发展。学生实验应是高中生物教学中的一个重要环节。在生物教学中开展学生实验活动,不仅可以增强学生学习生物学的兴趣,更重要的是能让学生养成以科学的视角去观察、分析和解释生物学现象的习惯,更科学地理解所学的生物学原理和规律,有利于学生客观地观察和描述生物现象,学会确认变量、设计可行的实验方案,掌握利用数学方法处理、解释数据等多方面的实验探究能力,并有利于形成批判性和创造性的思维方式。在这个环节中,教师要给学生充足的时间去独立探索,切忌蜻蜓点水式的自主探索。同时还要重视探究学习后的互动交流环节,让学生共享学习过程与学习成果,以提升和增加学生合作交流的意识和学习的成就感。

例如,课上采用溶解氧传感器测定 $CO_2$ 浓度对光合作用的影响,将实验结果建立模型并据此讨论提高农作物产量的措施,提高学生逻辑推理、分析问题的能力(见图 1)。

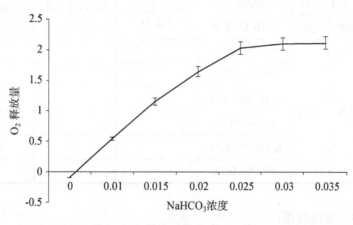

图 1　$CO_2$ 浓度对光合作用的影响

## 四、学以致用，融入生活

教师要在教学中贯彻学以致用的思想，不仅仅要把教科书上的内容讲明白，更重要的是教会学生如何不断地学习新知识并运用已有的知识去创新、发展。教师在教学中将学科知识与生活经验深度结合，设计生活情境再现学科知识，最后理论联系实践促进学生发展；引导学生关注生活、关爱生命，培养学生将所学知识应用于现实生活的能力，更好地践行"源于生活，用于生活"的教育理念，让学生能够体会生物学知识的魅力，提高学生生物学学科核心素养，促进学生的全面发展。

在跟同学们的交流过程中，发现他们对温室特别感兴趣，有的想改进我们的温室，有的想设计心中的未来温室，于是就鼓励学生设计温室图纸，并进行课后的动手改进和动手搭建活动（见图2）。本节课充分挖掘学生身边的生物学学习资源，以探究学校温室植物的生长情况作为切入口，带领同学们设计和实施方案，引导学以致用，解决身边的生物学问题。

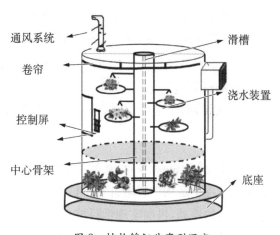

图 2  植物锦鲤共享型温室

教学有法，教无定法。课堂教学改革需要不断探究、不断创新才能探索出适合自己和学生的教学模式。情境探究式教学的基本在于建设融洽和谐的探究环境，让学生能够在课堂教学中自由地学习。此外，在课堂中还应注重师生双向沟通、学生多边交流，从而加深对新知识的理解，从而将知识转化为解决实际问题的能力。

**参考文献**

［1］ 中华人民共和国教育部.普通高中生物学课程标准(2017 年版 2020 年修
订)［M］.北京：人民教育出版社,2020.

# 基于情境创设的高中生物学课堂教学

## ——以《神经调节过程涉及信息的转换及传递》为例

上海同济中学　王丽丽

**【摘要】** 以情境为课堂教学的载体，将抽象的知识具体化，将复杂的问题简单化，从而实现生物学科核心素养的提高。以《神经调节过程涉及信息的转换及传递》为例，通过创设情境，采用图片、科学实验资料、动图和学生活动等多种形式相结合，让学生能够在课堂上"动起来"——动脑思考问题，动口描述问题。

**【关键词】** 情境　核心素养　神经调节　高中生物学

情境是知识的载体，也是教学的媒介，教师在教学中进行情境的创设，引导学生在情境中运用学科语言和学科思维来解决问题，实现对学生思维的迁移和思维能力的培养，进而实现学科核心素养的提升[1]。以上海科学技术出版社普通高中教科书《生物学·选择性必修1·神经调节过程涉及信息的转换和传递》一节课为例，本节的关键问题是反射弧上的神经信号是以什么形式传递的。教材分为两目，分别为"信息在神经元上以生物电的形式传导"和"神经元间主要通过化学物质传递信息"。通过学习神经元和突触的结构，学生能够感悟结构与功能相适应的生命观念。本节内容较为抽象，教师通过创设情境，化抽象为具体，从部分到整体引导学生全面认识信息在神经系统中的传递过程。

## 一、日常熟悉情境引入

生活中的真实情境，贴近学生的生活实际，对学生具有天然的亲和力和吸引力，是创设问题情境的良好素材[1]。由上课伊始老师喊出"上课"，学生们迅速"起立"这一反射导入，在分析"起立反射"过程中复习初中已经学习过的反射弧的概念，同时引导学生思考感受器获得信息如何在反射弧上进行传递，从而进入本节课的主题。"起立反射"发生在我们每一节课的开始,由此引入既可以引发学生思考,也可以让学生印象深刻。

一般的动物细胞具有细胞膜、细胞质、细胞核等基本的细胞结构,而神经细胞是经过高度分化后的细胞,其结构特点与其他细胞相比有其特殊性。课堂教学要注重"知识的可视化",教师可用手和手臂作比喻,即手指相当于神经元的树突(短而多),手掌相当于神经元的细胞体,手臂相当于神经元的轴突(长而少)。用直观形象的教学手段帮助学生理解抽象的生物学知识。神经细胞的结构为什么如此"与众不同"? 学生自然想到是因为结构与功能相适应,从而理解神经元的功能是接受刺激,进而产生兴奋、传导兴奋。

## 二、经典实验情境分析

信息在神经元上以什么形式进行传导呢? 这是本节课的重点和难点知识。教材呈现的实验结果对学生来讲晦涩难懂,因此教师通过查阅资料,为学生呈现两个经典实验情境:用枪乌贼巨大轴突测静息电位、用青蛙坐骨神经测动作电位。

取枪乌贼的巨大轴突和电压表,一侧接地,一侧接于轴突膜外,电压表显示10 mv;变换接线位置,一侧接地,一侧接于轴突膜内,电压表显示−60 mv。通过该实验学生发现膜外带正电,膜内带负电,教师此时引出"静息电位"的概念。引用课本牛蛙坐骨神经腓肠肌收缩的实验,当受到锌铜弓刺激后,电流表指针发生偏转,教师此时引出"动作电位"的概念。通过分析科学家的实验探究结果,由结果再去推知原因,培养学生的科学思维能力。

教师在教材内容的基础上,应尽可能多地为学生呈现数据、图像、视频等可视化的素材,帮助学生更直观地理解静息电位和动作电位产生的主要原因。如表1"细胞内液和细胞外液主要阳离子分布",直观地呈现了细胞内外的离子分布,同时结合已学习过的必修1《分子与细胞》中"协助扩散""主动扩散"的知识解释静息电位和动作电位产生的原因。

表1 细胞内液和细胞外液主要阳离子分布

| 主要阳离子 | 细胞内液(mmol/l) | 细胞外液(mmol/l) |
| --- | --- | --- |
| $K^+$ | 139 | 8.7 |
| $Na^+$ | 12 | 287 |

### 三、课堂模拟情境再现

当神经冲动传导到轴突末梢时,两个相邻但不接触的神经元之间该如何继续信息的传递呢? 首先引导学生结合教材图示认识突触的结构,并明确神经递质、受体存在的位置。接下来给学生播放突触传递的动态图,将静态的概念转化为动态的过程,化难为易。最后组织小组活动"突触传递过程再现表演",用白色卡片和彩笔依次写好:突触前膜、突触间隙、突触后膜、神经递质、$Na^+$、受体、$Na^+$通道。小组成员分工扮演不同的"角色",学生明确自己的角色后带着自己的卡片选择正确的站位,可通过一些肢体语言,如手臂的开合代表"$Na^+$通道"的打开或关闭。其中一位小组成员负责解说突触传递的过程,其他担任不同角色的同学依次演示出该过程结构或物质的变化。

在课堂上即时将突触传递过程以表演的形式呈现,充分调动了课堂气氛,加深了学生对突触传递过程的记忆。表演结束后教师提出问题引发学生思考:①相邻神经元信息传递的方式是怎样的,原因是什么? ②神经递质发挥作用后的去向如何?

### 四、真实情境解决问题

通过以上学习,学生基本掌握了信息在神经系统中的传递过程。结合生活中患有近视的学生进行屈光检查时常使用阿托品滴眼液让瞳孔周围的平滑肌舒张,导致瞳孔放大,从而实现散瞳的目的,锻炼学生分析、解决问题的能力,让学生在学习生物学课程学习和解决真实情境中的实际问题的过程中树立正确价值观、训练必备品格和关键能力[2]。

这节课结束时,老师喊出"下课",与课堂开始的"起立反射"相呼应,希望学生在以后课堂的"起立"中都能想到今天的这节课。

**参考文献**

[1] 苏科庚.例谈高中生物学教学中问题情境创设的八种策略[J].生物学教学.2022(2):15 - 16.

[2] 中华人民共和国教育部.普通高中生物学课程标准(2017 年版)[M].北京:人民教育出版社,2018.

# 深度学习视域下基于问题链和
# 模型构建的教学设计

## ——以"光合作用是物质和能量的转换过程"为例

上海理工大学附属中学　　王利平

**【摘要】** 基于深度学习理论,以经典实验的现象和数据为载体,设计问题链,引导学生提取信息、分析推理、归纳建模,构建光反应和碳反应的概念模型,从而帮助学生逐步形成核心概念,提升核心素养。

**【关键词】** 深度学习　光合作用　问题链　概念模型　核心素养

所谓深度学习,就是指在教师引领下,学生围绕具有挑战性的学习主题,积极参与、体验并获得发展的有意义的学习过程。在这个过程中,学生掌握学科的核心知识,理解学习的过程,把握学科的本质及思想方法,形成积极的内在学习动机、高级的社会性情感、正确的价值观[1]。深度学习理论认为,学习不应是单纯记忆和储存信息的过程,而应该是对信息所反映的事物性质、规律、与其他事物的内在联系深刻理解的意义建构过程。本文以沪科版高中《生物学·必修1·分子与细胞》第4章《细胞的代谢》第4节《叶绿体将光能转换并储存在糖分子》中第2目"光合作用是物质和能量的转换过程"为例,尝试在深度学习理论的指导下,基于问题链与模型构建进行教学研究。

## 一、创设真实情境,激发主动探究的兴趣

深度学习往往是在具体情境中产生的,光合作用发现史中的一系列经典实验是学习本节课的良好材料,教师向学生提供有代表性的科学研究事实,为学生的概念形成提供支撑,让学生在真实且复杂的情境中发现问题,从而激发学习和探究新知的动力,打开深度学习的入口。

教师提供"资料1"(闪光实验):20世纪初,科学家研究发现植物在持续黑

暗中不能释放 $O_2$,也不能合成糖类。在光暗间隔照射(光照 5 秒后再黑暗处理 5 秒,连续交替进行)进入黑暗时段,植物停止释放 $O_2$,但糖类的合成还在进行。教师提问:如果生成糖类不直接依赖光,为什么持续黑暗始终无糖类生成? 学生分析资料中对实验现象的描述,提取有效信息:黑暗时段能够生成糖,但反应能够维持的时间很短。学生思考可能的原因并大胆提出观点:黑暗时段之所以能够生成糖,是因为依赖光照时段的某些产物,一旦这些产物被消耗完,生成糖的反应便停止。学生进而理解光合作用有依赖光的阶段(光反应)和不依赖光的阶段(碳反应),两个阶段相互联系。

**设计意图**:学生在初中阶段学习过光合作用,但并不知道植物如何利用 $H_2O$ 和 $CO_2$ 合成糖类、释放氧气,如何将光能转化成化学能。教师借助前概念,制造认知冲突,激发学生的探究欲望。同时引发新的思考:光反应还有哪些产物? 与碳反应有何联系?

## 二、问题链促思考,铺设深度学习的轨道

《普通高中生物学课程标准(2017 年版 2020 年修订)》明确提出"教学过程重实践"的课程基本理念[2],学生经历完整的科学探究过程是深度学习真实发生的必要条件。教师在呈现一系列实验现象和实验数据的基础上,组织学生以小组合作的方式,完成构建光合作用概念模型的挑战任务,设置启发思维的问题链,铺设深度学习的轨道,使学生在较好地理解生物学概念的基础上形成生命观念、发展科学思维。

### (一)光反应的探究与建模

教师提供"资料 2"($^{18}O$ 同位素标记实验):1941 年,鲁宾和卡门用小球藻做了三组实验,每一组的 $H_2O$ 和 $CO_2$ 中都含有比例不等的 $^{18}O$,在充足的光照下,生成 $O_2$ 中 $^{18}O_2$ 的比例和 $H_2O$ 中 $^{18}O$ 的比例一致(见表 1)。教师提问:为什么叶绿体能吸收光能? 光合作用生成的 $O_2$ 来自哪种物质?

表 1 $^{18}O$ 同位素标记实验

| 组别 | $CO_2$ 中 $C^{18}O_2$ 的比例 | $H_2O$ 中 $H_2^{18}O$ 的比例 | $O_2$ 中 $^{18}O_2$ 的比例 |
|------|------|------|------|
| 1 | 0.4% | 0.8% | 0.8% |
| 2 | 0.5% | 0.2% | 0.2% |
| 3 | 0.6% | 0.2% | 0.2% |

**设计意图:**学生通过复习前概念,理解光合色素是吸收光能、转化成电能的物质基础,而高能电子的传递需要类囊体膜作为结构基础,有助于形成结构与功能观。通过$^{18}O$的比例制造认知冲突,使学生了解光反应生成的$O_2$来自$H_2O$而非$CO_2$。

教师提供"资料3"(离体叶绿体实验):1954年,阿尔农在叶绿体稀释液中加入电子受体氧化型辅酶Ⅱ($NADP^+$),光照后释放出$O_2$,生成还原型辅酶Ⅱ($NADPH$)。1963年,贾格道夫用类囊体、ADP和Pi的缓冲溶液进行实验,当类囊体腔的$pH=4$,而叶绿体基质的$pH=8$时,类囊体膜两侧的pH梯度逐渐减小,同时伴有ATP的生成(见表2)。教师提问:电子在类囊体膜上传递,最终与什么物质结合? 产物是什么? 还原型辅酶Ⅱ($NADPH$)的生成与$O_2$的生成有何关系? 合成ATP的直接原因是什么? 与$O_2$的生成有何关系?

**表2 离体叶绿体实验**

| 组别 | 类囊体腔 | 叶绿体基质 | 结果 |
|------|----------|------------|------|
| 1 | $pH=7$ | $pH=4$ | 无 ATP 生成 |
| 2 | $pH=4$ | $pH=4$ | 无 ATP 生成 |
| 3 | $pH=4$ | $pH=8$ | 有 ATP 生成 |

**设计意图:**资料3说明氧化型辅酶Ⅱ($NADP^+$)结合 e 和 $H^+$合成还原型辅酶Ⅱ($NADPH$)。当类囊体腔的$H^+$浓度高于叶绿体基质时,ADP和Pi合成ATP。问题链则引导学生正确区分氧化叶绿素 a 夺取的 e 和氧化型辅酶Ⅱ($NADP^+$)吸收的 e;发现类囊体膜两侧的$H^+$浓度差是通过物质代谢形成,借助特定的物质和结构驱动ATP的合成,实现电能到活跃化学能的转化。

教师提供"资料4":线粒体中的电子传递链驱使$H^+$泵入膜间隙,以增加线粒体内膜两侧$H^+$浓度差。膜间隙的$H^+$通过ATP合酶反流回基质的过程中产生势能驱动ATP合成。叶绿体也通过类似的方式合成ATP。

**设计意图:**资料4引导学生借助前概念(有氧呼吸中的电子传递链和ATP生成)理解类囊体膜两侧维持$H^+$浓度差和ATP合成的原理,从而理解类囊体腔中的$H^+$跨膜和回流对合成还原型辅酶Ⅱ($NADPH$)和ATP的意义。学生通过分析和推理、思考和探究,经历初步建模→深度探究→修正并完善模型的过程,形成完整的光反应概念,深度理解光反应中物质变化以及对应的能量转换,有助于形成物质与能量观,提升逻辑推理和自主探究能力。

### (二) 碳反应(卡尔文循环)的探究与建模

教师提供"资料5"($^{14}$C 同位素标记实验):1949 年,卡尔文对光合作用进行研究,往小球藻培养液中通入 $^{14}CO_2$ 后,分别给予不同的光照时间后立即杀死小球藻,用放射显影技术和双向层析法对小球藻细胞中生成的放射性物质进行分析(见表3)。

表3　$^{14}$C 同位素标记实验

| 组别 | 光照时间 | 带 $^{14}$C 标记的化合物 |
| --- | --- | --- |
| 1 | 60 秒 | 100 多种有机物 |
| 2 | 20 秒 | 12 种糖类 |
| 3 | 2 秒 | 大量 $^{14}C_3$ |
| 4 | <1 秒 | 90% 以上都是 $^{14}C_3$ |

卡尔文在近十年的研究中发现,改变光照和 $CO_2$ 供应时,$C_3$ 和 $C_5$ 的含量呈现特殊的相互转化的关系(见图1)。

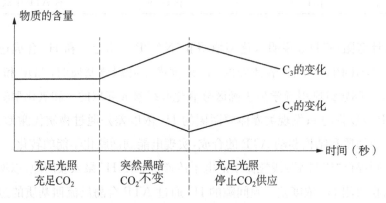

图 1　$C_3$ 和 $C_5$ 相互转化

教师提问:卡尔文为什么要不断地缩短反应时间? $CO_2$ 同化后的第一个产物是什么? $C_3$ 和 $C_5$ 的相互转化与光反应有什么联系?

设计意图:资料5说明科学家通过不断缩短反应时间来探究产物出现的顺序,$C_3$ 是 $CO_2$ 同化后的第一个产物,碳反应可能存在 $CO_2+C_5 \rightarrow C_3 \rightarrow$ 糖类+ $C_5$ 闭环,$C_3$ 转变成 $C_5$ 的过程需要光反应产物 ATP 和 NADPH 参与(呼应资料1)。问题链有助于引导学生归纳和概括碳反应的物质和能量变化,理解碳反应的实质是 C 元素同化过程,通过 $CO_2 + C_5 \rightarrow C_3$ 获取 $CO_2$,通过 $C_3 \rightarrow$ 糖类 $+ C_5$ 将光反应提供的 ATP 和 NADPH 中的活跃化学能转化成糖类中的稳定学能,并再生 $C_5$ 重新进入碳同化的循环;有助于理解光合作用两个阶段是相对独立却又紧密联系的,进一步形成物质与能量观。通过学习科学家的实验方法,理解科学家的研究思路,感悟科学家的探究精神,从而提升探究能力和思维品质。

教师提供"资料6":随着碳反应研究的深入,科学家发现 $C_3$ 分为两种:$C_3$ 酸和 $C_3$ 糖,增加 ATP 和 NADPH 会使 $C_3$ 酸减少,$C_3$ 糖增加。我国科学家在进一步研究中发现:在光照不变的条件下提高光反应中 ATP 的生成效率,碳反应中淀粉等糖类会增加。教师提问:$C_3$ 酸和 $C_3$ 糖之间的转化关系是什么?$C_3$ 糖、$C_5$ 和淀粉等糖类的转化关系是什么?

**设计意图:**资料 6 引导学生补充细节:$CO_2 + C_5 \rightarrow C_3$ 酸 $\rightarrow C_3$ 糖 $\rightarrow$ 糖类 $+ C_5$,完善碳反应的概念模型,提升探究能力和建模思维。引入中国科学家的研究成果,培养学生的爱国主义情怀。

### 三、完成建模,迁移应用,深化概念的理解

知识的获取不应是简单的记忆和重复过程,而应该是迁移到新的情境中进行应用、综合的过程。教师应关注学生的课堂反馈,以任务驱动,通过教师引导、师生协同、学生展示,促进学生对概念的深度理解,培养学生分析和解决实际问题的能力,让学生体验"达成感"和"高自我效能感"。

教师组织学生完成和展示光合作用的概念模型(见图 2),并应用自主构建的模型解释植物光合速率变化的原因:某地夏季晴朗的某天,测定甜瓜光合速率(见图 3),请尝试分析:①10:00 至 12:00 时光合速率上升的原因;②12:00 至 14:00 时光合速率下降的原因。(提示:光照增强,温度过高,叶片气孔开度会下降。)

**设计意图:**学生应用模型解释生命现象,深度理解光合作用的两个阶段相互促进也相互制约。植物在温度适宜时,光照强度增加使光反应加快,提供给碳反应的 ATP 和 NADPH 增多使碳反应加快,因此光合速率提升。然而,夏季晴朗的中午光照增强导致温度过高,气孔开度下降以减少蒸腾,导致碳反应的原料 $CO_2$ 供应减少,碳反应消耗 ATP 和 NADPH 减少,提供给光反应的

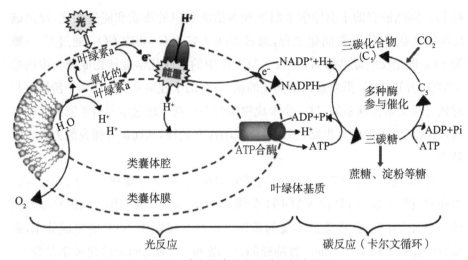

图 2 学生构建的光合作用概念图

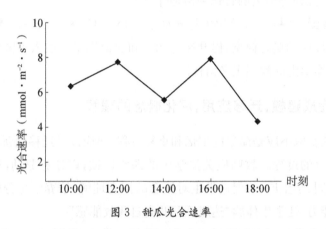

图 3 甜瓜光合速率

ADP 和 NADP$^+$ 不足,制约光反应进行并导致光合速率下降。此时,光合速率下降体现的是对环境的适应。建模的过程是学生自主探究、形成概念、提升创造性思维的过程,而应用模型解释生命现象是对概念内化和迁移的过程。

本课是帮助学生建立对生命本质认识的良好载体,是继学生了解细胞呼吸之后,认识生物体内的物质与能量转变的又一个完整的生理过程。本课信息量较大,内容微观又涉及大量的有机化学知识,吸收起来比较困难。因此,教师提供"科学史话"资料群,调动学生的探究热情;展示问题链,引导学生经历初步建模→深度探究→修正并完善模型→应用模型→深度理解概念的过程,使学生对生命能量的最终来源有真正的理解,从而进一步形成物质与能量观。本课虽然以学生为主体,教师只起引导的作用,但一部分学生没有经历充分的思考与讨论,尚未完成自己的建模任务,而是被动地接受了其他同学所建立的模型。因此,笔者在今后的教学中应注重生成性问题的解决,思考如何更好地搭建教学支架,以提升课堂效率和培养学生独立学习的能力。

**参考文献**

[ 1 ] 郭华.深度学习及其意义[J].课程·教材·教法,2016,36(11):25 - 32.

[ 2 ] 中华人民共和国教育部.普通高中生物学课程标准(2017 年版 2020 年修订)[M].北京:人民教育出版社,2020:2.

# "叶绿体色素的提取分离及叶绿素含量的测定"的探究实验教学设计与实践

上海交通大学附属中学　赵怡姗

**【摘要】** 在"叶绿体色素的提取分离及叶绿素含量的测定"这一实验教学过程中,引导学生自主确定研究主题并设计实验方案,培养学生通过定性观察和定量测量的技术手段,解释自然现象,提升解决真实问题的能力,并通过创新性地改进实验材料和实验仪器等,进一步优化实验现象,精简实验流程。

**【关键词】** 叶绿体色素　探究实验　定量测量　创新改进

本节实验是新教材《生物学·必修1·分子与细胞》第4章第4节"叶绿体将光能转换并储存在糖分子中"的探究实验内容。教材将本节实验分为"绿色叶片中的色素提取""叶绿体色素层析分离"和"叶绿色含量的测定"3个部分。教师引导学生结合教材的实验原理,设计实验方案,并借助课上学习到的定性提取和分离叶绿体色素,以及定量测量叶绿素含量的方法,开展实验探究。

## 一、小组合作,确定研究主题

秋季,校园里许多植物的叶片也开始从绿色渐变为黄色。学生在学习完叶绿体中色素的存在场所、吸光特性等知识后,自然而然会对叶片颜色变化的原因产生自己的思考。那么是否可以通过一些实验的技术手段来验证他们的猜想呢?"叶绿体色素的提取分离及叶绿素含量的测定"这一实验的开展给他们的问题探究提供了一定的可行性。因此,教师可以通过让学生在课前自由分组,根据他们想要研究的问题设计实验方案并提供指导性建议。

在教学过程中,发现学生能够自主提出非常多的研究课题,例如:探究校园中同种植物的黄色叶片和绿色叶片中的色素含量的比较;探究校园同种植物不同时期新叶老叶的叶绿素含量的关系;探究金边黄杨的"金边"和"绿色叶肉"细胞中色素含量的差异……部分同学还通过事先预习实验,联想到茶叶的制备也是经过了烘干的工艺,从而确定研究主题为"探究不同种类茶叶中色素含量的比较"。

## 二、精简过程,确保实验进度

### (一) 通过观看视频掌握技术方法

本实验是一个注重操作性的实验,同时,实验过程大致可以分为"提取-分离-测定"3个步骤,对学生操作的时间要求非常高。若是教师在课上一一展示操作步骤,则需耗费较多时间,且不好把控。因此,本节课通过教师前期录制操作视频并进行剪辑,将该实验的"提取-分离-测定"3个步骤精剪成3个时间为一分半左右的微视频,总时长不超过六分钟,大大缩短了课上讲解的时间,从而把更多的时间交还给学生,便于他们后续展开自主探究。

### (二) 通过小组分工合作完成探究

由于本实验的聚酰胺薄膜的层析法需要等待10~15分钟时间,耗时较长,为了让学生后期有更多的时间进行数据分析和讨论,可以进行小组分工合作。以每小组两位同学为例,首先,2人共同完成"色素提取"的实验,获得研磨提取液;然后,其中1位同学完成"聚酰胺薄膜层析法分离色素",另1位同学同步完成"分光光度计测定叶绿素含量"。具体流程见下图1所示。

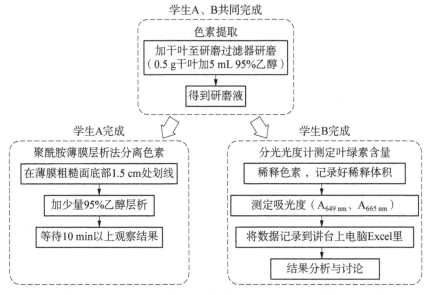

图 1   实验操作流程

## （三）通过前期准备缩短课堂耗时

为了进一步提升课堂效率，本实验可以提前做好的前期准备如下。

### 1. 采集并烘干实验材料

学生根据确定的研究主题，可以事先在校园里采集想要研究的实验材料，并提前 24 小时进行烘干处理。部分学生的处理见表 1。

表 1　部分材料处理方法

| | 材料 | 处 理 方 法 |
|---|---|---|
| 组 1 | 金边黄杨 | 采集同一棵金边黄杨的叶片，将"金边"部分和绿色叶肉部分分离，并分别烘干 24 h，然后称取实验所需重量，包好待用。 |
| 组 2 | 栀子 | 采集同一株栀子树的黄色叶片和绿色叶片，分别烘干 24 h，然后称取实验所需重量，包好待用。 |
| 组 3 | 茶叶 | 无需烘干，直接称取实验所需重量，包好待用。 |

### 2. 提前设计实验数据表格

为了能够在课堂上直接得出实验数据的处理结果并进行分析，教师可以指导学生提前利用 Excel 设计好表格，并且设置好相应公式和图表。在实验课上学生可以在表格中输入色素提取液在 665 nm 和 649 nm 波长处的吸光度，然后利用 Excel 公式直接计算出稀释液和原液中叶绿素 a 和叶绿素 b 的含量及比例，见表 2。此外，还可以事先根据表格数据绘制相关柱状图，便于学生后期分析。

表 2　实验数据表格示例

| | 姓名 | 叶片种类 | 叶片状态 | 提取液体积(ml) | 定容后体积(ml) | 稀释倍数 N | A665nm | A649nm |
|---|---|---|---|---|---|---|---|---|
| 第 1 组 | | | | | | | | |
| 第 2 组 | | | | | | | | |

| 稀释液中 | | | 原液中 | | | |
|---|---|---|---|---|---|---|
| 叶绿素a浓度(mg/L) | 叶绿素b浓度(mg/L) | 总叶绿素浓度(mg/L) | 叶绿素a浓度(mg/L) | 叶绿素b浓度(mg/L) | 总叶绿素浓度(mg/L) | 叶绿素a：叶绿素b |
| 第 1 组 | | | | | | |
| 第 2 组 | | | | | | |

### 三、处理数据，分析实验结果

本节课是学生基于教材已有的实验技术手段，提出并尝试解决问题的探究实验课。因此，对于实验数据的分析和小结也非常重要。教师可以在课上组织学生根据实验结果，开展分析、讨论与交流。接下来本文将展示"探究校园中同种植物的黄色叶片和绿色叶片中的色素含量的比较"课题组的学生的实验数据和结果。

**（一）定性观察实验结果**

学生根据聚酰胺薄膜的层析实验现象，得出结论：同一植株黄色叶片和绿色叶片的类胡萝卜素含量较接近，但黄色叶片的叶绿素的含量明显低于绿色叶片。由此现象可以初步说明秋天叶色的变黄可能是由于叶绿素的分解，而非类胡萝卜素的含量增加。

**（二）定量测量实验结果**

以叶片类型为横坐标、色素含量为纵坐标，利用 Excel 软件绘制柱形图（见图 2）。学生根据图 2，得出结论：同一植物的黄色叶片的叶绿素 a、叶绿素 b 含量均显著低于绿色叶片，与定性层析的实验结果相一致，由此可进一步说明叶片变黄的原因是黄色叶片的叶绿素的总含量明显低于绿色叶片。此外，有学生提出可以进一步查阅文献，探究类胡萝卜素的测量方法，进一步定量比较两种叶片的类胡萝卜素含量，从而验证定性观察的初步结论"叶色变黄并非由于类胡萝卜素的含量增加"。

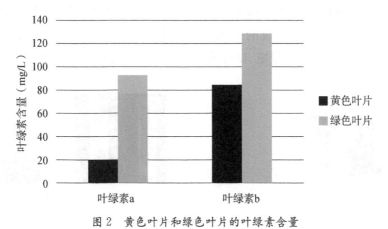

图 2　黄色叶片和绿色叶片的叶绿素含量

基于上述实验过程,学生学会了定性观察和定量测定的方法,还能够通过实际操作和观察分析,既加深对色素的感性认识,同时也能进一步强化定量研究的思想,并通过小组分工合作、分享与交流,利用所学的技术手段共同完成一个自己感兴趣,而又基于真实情境的实验探究活动。

## 四、本实验设计的创新之处

### (一) 实验材料的创新

本实验在实验材料方面做了以下创新:首先是灵活选用校园中的植物作为实验材料。本节课的教学进度正好是在秋季,结合校园中的叶色由绿到黄的变化,激发学生从生活中发现问题并解决问题的兴趣和能力;其次,采用茶叶替代烘干叶片,大大缩短了前期准备的时间,降低了购买烘干机的成本,而且经过学生的实验探究,发现用绿茶的茶叶进行色素提取具有一定的可行性。

### (二) 实验仪器的改进

本实验对以下实验仪器进行了改进:①研磨过滤器:研磨过滤器是一种新型工具,是在材料的研磨过程中同时进行过滤的实验仪器。本实验利用研磨过滤器进行色素的提取具有密闭性好、快速便捷、材料少、研磨充分、提取效果好等优势[1]。同时该仪器可重复利用,在高中生物必修一"探究实验2-1检测生物组织中的还原糖、脂肪和蛋白质"实验中,也可以将其用于研磨实物样品;②层析缸:层析缸自带盖子,可有效减少乙醇的挥发,从而重复利用层析液。除此外,部分层析缸内部还有凹槽,可以一次放入多组聚酰胺薄膜,达到同时层析的效果,便于对比观察实验结果,并减小误差;③立式 EP 管(又称平底离心管):根据叶绿体中色素浓度的不同,可能需要稀释 10～50 倍不等。因此普通的 EP 管大小不够,而容量瓶、试管等用来稀释操作也不方便,所以最合适的是

研磨过滤器　　　　　层析缸　　　　　　立式EP管　　　　白色粉笔

图4　部分实验器材图

用体积为 50 ml 的大立式 EP 管,成本低,且可以重复利用;④白色粉笔:白色粉笔作为色素分离载体效果也比较明显,且具有很强趣味性。但是该方法要求色素提取液本身颜色浓度较高,不然现象不太明显。耗时约 10 min 以上,可作为课后拓展活动或教师展示活动。

**参考文献**

[1] 周保金.用研磨过滤器进行"叶绿体中色素提取"实验[J].生物学通报,2004(8):35.

# 改进实验设备，提高实验效率

## ——"叶绿体色素的提取分离及叶绿素含量的测定"实验的改进与思考

上海交通大学附属中学　黄杰

**【摘要】** 针对"叶绿体色素的提取分离及叶绿素含量的测定"实验，通过创新色素提取方法，改进层析分离方法，增加类胡萝卜素含量测定和实验数据分析等措施，探究如何在一节课时完成本实验教学，提升课堂效率，在实验教学中培育学科核心素养，突显学科特点。

**【关键词】** 叶绿体色素　提取测定　实验改进

## 一、教材分析及设计思路

本实验是上海科学技术出版社普通高中教科书《生物学·必修 1·分子与细胞》第 4 章第 4 节的探究实验，实验内容包括绿色叶片中的色素提取、叶绿体色素层析分离、叶绿素含量的测定三部分内容。学生在实验之前已经学习了叶绿体相关色素和各自的吸光特点，完成了蛋白质含量测定实验，接触过分光光度计，具有一定的实验操作能力和理性思维能力。本实验相较于其他版本教材增设了色素含量的测定，这是本节课的亮点和难点。本设计从学生实际问题出发，引导学生自主确定变量、设计实验方案，通过小组合作、交流讨论等方式分析解决问题，体验生物科学实验的探究历程，提升学生实验探究能力。传统的研磨过滤提取色素的方法耗时费力，且提取的色素溶液不澄清，误差较大。课前将烘干的叶片研磨成粉，称量包装好。自创针筒加压过滤器，操作简单，易上手，可以快速、高效地提取色素，为后续的测量和数据分析节省时间。增加类胡萝卜素含量测定，强化定量测定能力。

## 二、教学目标

通过实际操作提取色素、分离色素并测量色素含量。定量测定凸显生物学科的理科属性，让学生感受到生命是由物质组成的，物质是可以定量测量的，从而加深对生命物质观的理解。

提出问题，查找资料，解决问题，小组合作实施实验。通过对实验数据的采集和分析，得出结论，亲身体验科学探究的历程，培养学生的科学思维，提升他们的科学探究能力。

## 三、实验方法改进

### (一) 叶绿体色素提取

本实验内容较多，如果再增加学生自主探究的内容，根本不可能在 1 节课时内完成。如何尽可能地节省时间，提升效率？研磨、过滤等操作学生在初中就已掌握，并不是本实验的重点，建议舍弃。课前，将所用叶片烘干（60℃，24 h），使用咖啡研磨器打磨成粉（见图 1）并称量包装。离心所需时间较长，为加快过滤速度，提升过滤效果，自创针筒加压过滤器（见图 2），操作简单，易上手，可以快速、高效获得滤液。

图 1  研磨器

脱脂棉

图 2  针筒加压过滤器

经过反复实践后发现，利用咖啡研磨器研磨烘干叶片的效率和效果都远好于用研钵研磨。利用针筒注射器、脱脂棉自制针筒加压过滤器，速度快、过滤效果好。使用 10 ml 针筒，前端的脱脂棉要用力压实，且压实以后体积不小于 1.5 ml。

改进后的实验步骤：向 1 g 叶片粉末中分次（3～5 次）加入 6 ml 95％乙醇，

每次加入后需搅拌均匀。所得匀浆液倒入针筒过滤器,快速加压过滤至烧杯中,得到色素提取液。

### (二) 叶绿体色素分离

将传统划线层析改为画圈层析(见图3),增加实验观赏性和趣味性。聚酰胺薄膜层析相较于传统滤纸层析更快,颜色更明显。因此,可以将划线改为画圈,并在薄膜中央事先插入棉线,课上直接划线、放入培养皿中层析即可。

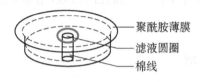

聚酰胺薄膜
滤液圆圈
棉线

图 3  画圈层析

### (三) 叶绿体色素分离

从学生问题出发,增加类胡萝卜素测量。让学生切实感受生物体是由物质组成的,物质是切实存在、可定量测量的,强化生物学科的理科属性。

$$类胡萝卜素浓度(mg/l) = (1\,000\,A_{470\,nm} - 3.27Ca - 104Cb)/229^{[1]}$$

## 四、教学过程

### (一) 根据实验原理,提出问题

依据叶绿素具有的特定吸收波长,且吸光度值与叶绿素 a、叶绿素 b 的含量有关,可用相关公式依据测出的吸光度计算出其含量。有同学提问,类胡萝卜素也具有特定的吸收波长,能否用相同的方法计算出类胡萝卜素的含量?教师将任务布置给学生,查找类胡萝卜素含量的计算方法,并通过实验计算出类胡萝卜素的含量。

### (二) 课前准备

(1) 分组。4人一组,组内2人分成1组,分别记作 A、B 组。A 组提前一天烘干菠菜叶片,课前完成研磨,称量分装;B 组再次熟悉分光光度计使用,学习 Excel 录入数据、生成图表方法。

(2) 材料准备。本节课提供的实验材料是烘干的菠菜叶,根据预实验结果，提取液需用 95％乙醇稀释 100 倍再测定吸光度。

### (三) 叶绿体色素提取

教师播放操作视频，学生观看视频后按步骤完成色素提取。向叶片粉末中分次加入酒精搅拌，之后将其倒入针筒过滤器过滤，最终获得色素提取液。

### (四) 叶绿体色素分离

教师播放操作视频，介绍色素层析原理和具体操作步骤。A 组学生按步骤完成划线、层析。待层析开始以后，A 组学生加入 B 组，辅助完成色素含量的测定。

### (五) 叶绿体色素含量测定

教师播放操作视频，介绍叶绿素 a、叶绿素 b 含量测定操作步骤。随后，由学生问题引出类胡萝卜素含量如何测定，再由查找资料的同学分享结果，共同得出测定类胡萝卜素含量。此外，还需再测定色素提取液在 470 nm 波长处的吸光度。

### (六) 收集、处理和分析实验数据

各组组长汇总本组的数据之后，将数据输入 Excel 软件，利用公式直接生成实验数据和相应图表，得到菠菜提取液在 665 nm、649 nm、470 nm 处的吸光值（见表1）、依据吸光度和公式计算出的菠菜提取液色素浓度（见表2）。随后讨论交流实验结果，借助菠菜提取液色素浓度柱状图（见图5）和菠菜提取液色素浓度折线图（见图6）进行误差分析，提升学生分析数据和处理数据的能力。同时通过讨论如何在测量的时候减小实验误差，引导学生注意多次测量，取平均值。

表 1  菠菜提取液吸光值

| 小组/数据 | A665 nm | A649nm | A470 nm |
| --- | --- | --- | --- |
| 第 1 组 | 0.089 | 0.047 | 0.071 |
| 第 2 组 | 0.073 | 0.032 | 0.059 |
| 第 3 组 | 0.049 | 0.032 | 0.071 |
| 第 4 组 | 0.05 | 0.03 | 0.065 |
| 第 5 组 | 0.052 | 0.033 | 0.059 |
| 第 6 组 | 0.057 | 0.029 | 0.061 |
| 第 7 组 | 0.07 | 0.034 | 0.091 |

(续表)

| 小组/数据 | A665 nm | A649nm | A470 nm |
|---|---|---|---|
| 第 8 组 | 0.056 | 0.035 | 0.067 |
| 第 9 组 | 0.076 | 0.042 | 0.062 |
| 第 10 组 | 0.086 | 0.044 | 0.102 |

**表 2　菠菜提取液色素浓度**

| 小组/数据 | 叶绿素 a 浓度（mg/l） | 叶绿素 b 浓度（mg/l） | 总叶绿素浓度（mg/l） | 类胡萝卜素浓度（mg/l） |
|---|---|---|---|---|
| 第 1 组 | 0.918 19 | 0.521 64 | 1.439 83 | 0.060 030 387 |
| 第 2 组 | 0.798 19 | 0.264 36 | 1.062 55 | 0.126 185 497 |
| 第 3 组 | 0.463 39 | 0.440 04 | 0.903 43 | 0.103 583 208 |
| 第 4 组 | 0.491 1 | 0.382 8 | 0.873 9 | 0.102 982 109 |
| 第 5 组 | 0.498 36 | 0.443 04 | 0.941 4 | 0.049 319 663 |
| 第 6 组 | 0.595 63 | 0.306 6 | 0.902 33 | 0.118 628 34 |
| 第 7 组 | 0.742 58 | 0.336 24 | 1.078 82 | 0.234 073 377 |
| 第 8 组 | 0.540 4 | 0.463 68 | 1.004 08 | 0.074 280 227 |
| 第 9 组 | 0.771 24 | 0.492 | 1.263 24 | 0.036 288 407 |
| 第 10 组 | 0.896 98 | 0.468 72 | 1.365 7 | 0.219 737 971 |
| 平均 | 0.671 606 | 0.411 912 | 1.083 518 | 0.112 510 919 |

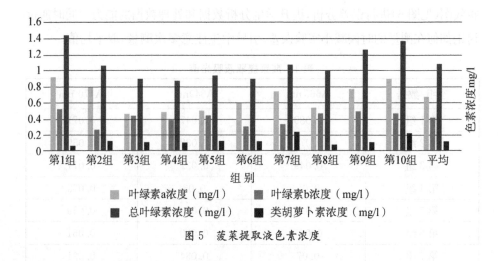

图 5　菠菜提取液色素浓度

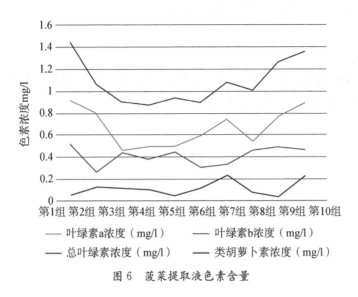

图6 菠菜提取液色素含量

## 五、教学反思

生物学是一门实验科学，实验教学是教学的基本形式之一，而探究式学习又是落实学科核心素养的重要途径。

首先，本节课针对"叶绿体色素的提取分离及叶绿素含量的测定"实验，通过改进色素提取和层析分离的方法，同时增加类胡萝卜素含量测定与实验数据分离等措施，探究双新背景下如何在一节课时完成容量较大的实验教学，以期提升课堂效率，在实验教学中落实学科核心素养，突显学科特点。

其次，本节课在课堂时间有限的情况下，改进优化部分实验装置和操作流程，抓住课堂的核心内容。使用改进后的装置节省的大量的时间，可以用于课堂进行数据采集处理和探究。学生根据已有的知识进行实验设计，通过小组合作实施实验，在探究过程中学习运用科学的测量方法记录、处理和分析实验数据，讨论并得出自己的结论，一节课内可以完成预期的学习任务。

再次，学生通过实际操作提取色素、测量色素含量，直观、定量地了解叶绿体色素，为之后光合作用过程的学习做好铺垫。通过本实验的研究，进一步感受到生命是物质组成的，物质是可以定量测量的，加深对于生命物质观的理解。

最后，可以将本实验的内容再做延伸，学生可以用所掌握的方法来测量其它感兴趣的植物的色素含量,做到学以致用。

**参考文献**

[1] 杨晶晶,曲媛,崔秀明.三七地上部分中叶绿素和类胡萝卜素的含量测定[J].特产研究,2014,36(2):63-66.

# 关于"探究温度对淀粉酶活性的影响"实验的几点改进和教学建议

上海市杨浦高级中学　蔡秋实

**【摘要】** 通过对"探究温度对淀粉酶活性的影响"的多次预实验和实验教学实践发现:首先,根据教材原有的水浴加热温度和时间等安排,实验现象不够明显;其次,学生的实验操作时间较长,学生在完成所有的实验操作步骤之后,很难留有充足的时间去讨论和分析实验结果;再次,根据教材中所给的浓度设置,难以保证本次实验结果的精确度;最后,基于提高实验的可操作性和课堂实验教学的有效性、指向深度学习和发展学生生物学核心素养等原则,对本实验提出几点改进思考和教学建议。

**【关键词】** 淀粉酶　实验改进　教学建议　高中生物学

"探究·实验4-2探究温度对淀粉酶活性的影响"是上海科学技术出版社普通高中教科书《生物学·必修1·分子与细胞》第4章"细胞的代谢"第2节"酶催化细胞的化学反应"中的内容。深度学习是指在教师引领下,学生围绕具有挑战性的学习主题,全身心积极参与、体验成功、获得发展的有意义的学习过程。[1]针对在预实验和实验教学中遇到的一些问题,基于提高实验的可操作性以及实验教学的有效性,指向深度学习等原则,笔者对本实验提出了如下几点改进思考和教学建议。

## 一、提高水浴加热温度,可缩短保温、反应和显色时间

实验原理:淀粉酶催化淀粉水解产生还原糖。在碱性条件下,水浴加热可以使还原糖与DNS试剂(主要成分为3,5-二硝基水杨酸,黄色)发生氧化还原反应,生成3-氨基-5-硝基水杨酸(棕红色)。3-氨基-5-硝基水杨酸在540 nm波长下有最大吸收峰,而且在一定范围内,吸光度值与还原糖的量成正

比关系。利用分光光度法，测定不同温度条件下，相同时间内淀粉酶催化淀粉水解所得产物与 DNS 试剂反应后的吸光度值，进而比较不同温度条件下淀粉酶活性的大小[2]。

教材中原有的实验建议是：取 2 支试管，A 试管（注入可溶性淀粉溶液）、B 试管（注入淀粉酶溶液）中的溶液先分别保温 5 min；将 B 试管中的溶液倒入相应编号的 A 试管，摇匀后继续保温 5 min，置于 85℃ 水浴 5 min。

根据实践做以下改进：教师经过多次预实验发现，可将教材中的水浴加热显色温度由 85℃ 调整为 95℃，效果更明显（不用 100℃，是因为 100℃ 时水会沸腾溅出来，增加实验烫伤风险）。其次发现保温、反应和显色时间均可改为 2 min。这样既缩短了实验时间，又能出现较明显的实验现象，能很好地提高课堂实验教学的有效性。同时，可以让学生在有限的课堂时间内，除了动手实验，还能及时记录和分析实验数据，并运用所学的内容，尝试和解决现实生活中的生物学问题，更好地落实和提升学科核心素养。

## 二、调整淀粉或淀粉酶溶液浓度，提高实验数据精确度

分光光度法是比色分析法中较为便捷的一种测定方法。一般情况下，在特定波长时测得的 OD 值在 0.1～1 之间，分光光度计精确度较高。按教材配置，0.005％淀粉酶溶液和 0.25％可溶性淀粉溶液进行预实验，在酶的最适温度范围条件下，产生的还原糖量过高，导致多个温度条件下，$OD_{540\,nm}$ 值均大于 1.0。笔者经过多次预实验发现，将可溶性淀粉溶液的浓度由教科书中的 0.25％调低为 0.1％，可以基本保证本次实验结果的精确度。

如果有老师参考笔者提供的可溶性淀粉溶液的浓度进行预实验，测得多个温度条件下的 $OD_{540\,nm}$ 值大于 1.0 或小于 0.1，可能是购买的试剂和笔者买的不一样。建议每次实验教学前，教师都做好预实验，将自己购买到的试剂，先参考教科书中的浓度进行配制，通过预实验的数据和结果，及时调整实验教学中可溶性淀粉溶液或淀粉酶溶液的浓度，同时引导学生重视实验探究过程中变量的控制。

## 三、关注可能引起实验误差的因素，提高实验的成功率

不同批次配制的试剂之间的差异、不同操作过程中试剂添加量的误差、时间控制的误差、温度控制的误差等等，均会对实验结果吸光度值的检测带来较

为显著的影响[2]。除此以外,笔者还发现:

（1）水浴锅显示的温度可能和实际温度不符,应以水浴锅中教师放的温度计读数为准。水浴加热后的试管,冷却至室温,教科书没有明确指出如何冷却至室温,笔者建议:将试管放到装有室温自来水的烧杯中进行降温（不建议直接用自来水冲洗试管降温,因为一不小心,会把水溅到试管中,对实验结果产生不良的影响）。

（2）教科书中没有明确指出本实验如何取用各种1 ml溶液,既然本实验需要通过分光光度计来定量探究温度对淀粉酶活性的影响,笔者建议选用移液枪（或微量加样器）来帮忙。移液枪的枪头是一次性的,不能混用,否则会影响实验结果的可信度。

（3）由DNS试剂瓶上的保存方法可知,产品应存储于阴凉通风处,密闭保存,购买的DNS试剂瓶一般都是棕色的或者不透光的,原因是其中的成分苯酚见光易变质,所以在准备学生实验时,最好提前将购买的大瓶DNS试剂分装到多个小的棕色瓶中,供每小组单独使用。

（4）根据多次的预实验发现,可溶性淀粉和淀粉酶溶液尽量随用随配,放置较长时间的溶液和随用随配的溶液,做出来的数据相差较大;可溶性淀粉溶液的配制,建议100℃水浴加热5 min,不加热或加热不足5 min淀粉溶液较浑浊。

## 四、充分利用现代信息技术,提供丰富多样的学习资源

为了能够更好地给予学生指导和帮助,课前教师需要做好预实验,可以将实验过程拍摄下来,制作成微视频,在实验前发给学生进行预习和学习,引导学生进行有准备的实验,尽量避免因实验过程中操作不熟练或失误,导致无法获得较为准确的实验数据。本次实验活动之前,学生已经经历过"食物中蛋白质含量的测定"实验,对分光光度计计、微量移液器等定量测定仪器的操作和使用有所了解。但由于时间关系,可能有部分学生已忘记如何操作。针对这种现象,教师可以找出相关的操作视频和介绍,提前发给学生观看和学习。

## 五、精心组织学生进行有效的小组合作交流和实验探究

根据实验分组需要,课前选出小组长,确定每组的人数及名单等。在学生开展小组实验前,可以提醒小组长们做好最充分的预习,引导小组学生合理分

工,如:一人负责加样,一人负责计时,一人负责使用分光光度计测量,一人负责记录和输入实验数据等。每位同学在本次实验中承担的具体工作,需要填到学案上。学生明确分配的任务,参与度和积极性会更高。此次探究实验以小组合作方式组织实施,学生通过组内合作,小组间交流、记录、分享实验数据并绘制曲线,共同完成实验方案,体会合作交流探讨的重要性。教师可提供统计工具,指导学生将本小组的实验数据输入电脑上事先设计好的 Excel 表格中,自动生成曲线图。曲线以温度为横坐标,以在 540 nm 波长条件下的吸光度值($OD_{540 nm}$)为纵坐标。

## 六、基于学情设计学案,重视定量实验,强化安全教育

本实验的步骤较多,教师可基于学情的需要设计合理的学案,可将教科书中的实验步骤设计成表格发给学生(见表1):

**表 1　淀粉酶活力测定实验设计表**

| 实验试剂 | 实验编号 | | | | | | | | |
|---|---|---|---|---|---|---|---|---|---|
| | A0 | A1 | A2 | A3 | A4 | A5 | A6 | A7 | A8 |
| | 室温 | 4℃ | 室温 | 30℃ | 55℃ | 80℃ | 95℃ | 先0℃后55℃ | 先95℃后55℃ |
| A液(ml)0.1%淀粉溶液 | 1.0 | 1.0 | 1.0 | 1.0 | 1.0 | 1.0 | 1.0 | 1.0 | 1.0 |
| B液(ml)0.005%淀粉酶溶液 | / | 1.0 | 1.0 | 1.0 | 1.0 | 1.0 | 1.0 | 1.0 | 1.0 |
| 蒸馏水(ml) | 1.0 | | | | | | | | |
| 保温 | / | A液、B液分别保温2 min | | | | | | | |
| 保温 | / | B液倒入A试管后,混匀保温2 min | | | | | | | |
| 5%NaOH溶液(ml) | 1.0 | 1.0 | 1.0 | 1.0 | 1.0 | 1.0 | 1.0 | 1.0 | 1.0 |
| DNS试剂(ml) | 1.0 | 1.0 | 1.0 | 1.0 | 1.0 | 1.0 | 1.0 | 1.0 | 1.0 |
| 摇匀后置于95℃沸水浴2 min,冷却至室温,观察各试管的颜色变化,并分装到比色皿。 | | | | | | | | | |
| 用分光光度计在540 nm处以A0的溶液调零,然后分别测定A1~A8试管中溶液的吸光度。 | | | | | | | | | |
| 每个样品分装到三个比色皿中,测三次取平均值。以温度为横坐标,吸光度值为纵坐标进行作图。 | | | | | | | | | |

＊注:A0是对照组,其中A管和装有蒸馏水的试管不需要分别保温2 min,可直接混匀测量。A7、A8两组需要两个恒温水浴锅,且保温时间的总和与其他小组也有所区别,请组长注意。

其次,教师还可以将教科书上实验步骤中的文字进行一定的简化:①A、B管分别加样,保温2 min;②A、B管混合,保温2 min;③加NaOH摇匀后,再加DNS;④沸水浴2 min后,冷却至室温;⑤分装到比色皿;⑥测量、记录。在实验操作前,简化版的步骤顺序可以随机打乱,让学生排序。这样做既可以检验预习效果,又可以帮助学生加深对实验操作步骤的熟悉和理解,为接下来更顺利地开展实验做好最充分的准备。

根据新课标可知,教师在重视定性实验的同时,也应重视定量实验,让学生在量的变化中更好地了解事物的本质[3]。实验课前,教师可以基于学情设计淀粉酶活力测定实验记录表(见表2)供学生参考,便于学生在实验过程中正确记录、整理和分析实验数据等。如果学生能力较强,也可以让学生分组讨论,自行设计实验记录表。其次,为了更好地保护学生,增强学生的自我保护意识,进一步提高实验数据的可信度,学案中还可以给出本次实验的注意事项和安全提示等,实验操作前请同学们务必认真阅读,确认无误后打钩。

表2　淀粉酶活力测定实验记录表1

| 组别 | A1 | A2 | A3 | A4 | A5 | A6 | A7 | A8 |
|---|---|---|---|---|---|---|---|---|
| $OD_{540\,nm}$\温度(℃) | 4 | 室温 | 30 | 55 | 80 | 95 | 先4后55 | 先95后55 |
| 1 | | | | | | | | |
| 2 | | | | | | | | |
| 3 | | | | | | | | |
| 平均值 | | | | | | | | |

* OD值在0.1~1之间,分光光度计精确度较高。室温组请自行测量室内温度,并填入表格。

## 七、根据预实验调整或增加分组,拓展探究,加深理解

实验教学中温度的设置,可根据预实验的结果进行一定的调整,可与教材所给的温度分组有所区别。教材给了5组温度设置,分别是4℃、室温、45℃、65℃、85℃。笔者预实验和实验教学是在12月初,当时的室温(记录水温)是11℃左右。笔者参考淀粉酶说明书上的最适温度范围50℃~70℃,并经过多次预实验,发现4℃、11℃(实验时的室温)、30℃、55℃、80℃、95℃这六个温度,所得到的实验数据能较好地绘制出温度对酶活性的影响曲线。为了探究高温

和低温影响淀粉酶活力的机理是否相同,还增加了两个实验分组。一组是低温4℃预处理2 min,再放入55℃保温2 min;另一组是高温95℃预处理2 min,再放入55℃保温2 min。学生实验课所获的数据输入电脑上事先设计好的 Excel 表格中(见表3),自动生成曲线图(见图2)。

表3　淀粉酶活力测定实验记录表2

| 组别 | A1 | A2 | A3 | A4 | A5 | A6 | A7 | A8 |
|---|---|---|---|---|---|---|---|---|
| $OD_{540}$\温度(℃) | 4 | 11 | 30 | 55 | 80 | 95 | 先4后55 | 先95后55 |
| 1 | 0.081 | 0.289 | 0.58 | 1.063 | 0.155 | 0.005 | 1.104 | 0.507 |
| 2 | 0.082 | 0.285 | 0.581 | 1.069 | 0.160 | 0.004 | 1.096 | 0.505 |
| 3 | 0.081 | 0.281 | 0.583 | 1.066 | 0.157 | 0.004 | 1.093 | 0.501 |
| 平均值 | 0.081 | 0.285 | 0.581 | 1.066 | 0.157 | 0.004 | 1.098 | 0.504 |

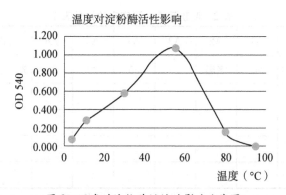

图2　温度对淀粉酶活性的影响曲线图

结果发现:低温预处理再恢复为55℃的 OD 值与55℃处理组接近,高温预处理再恢复为55℃的 OD 值较低。得出结论:低温和高温对淀粉酶活性的影响不相同,低温抑制酶的活性,当温度适宜,酶的活性可恢复;但高温会破坏酶的活性,即使后续温度适宜,活性也不会恢复。

## 八、小结

实验教学是生物学课程的特点,也是生物学教学的基本形式之一。实验教学是促成学生达成生物学学科核心素养的重要支撑[3]。综上所述,笔者对"探究温度对淀粉酶活性的影响"实验进行了一系列较为合理的改进,使得实验教学更容易开展,学生实验现象更明显,有助于提高学生实验的成功率和探究学习的积极性等。不过本次实验教学,仍留有一些不足,值得进一步思考和改进:首先,没有设计出合适的实验评价表,没有让学生进行更为合理的自评和互评等;其次,根据实验设置的温度分组,每个实验温度只有一个小组负责测量,误差可能较大;再次,教师提供了大量的测量方法和表格等供学生学习和参考,留给学生参与讨论、自主设计实验以及数据收集图表的时间和机会并不多。为了更好地落实和发展学生的生物学核心素养,在以后的探究实验教学中,笔者需要进行更全面的思考并进行更合理的改进等等。

**参考文献**

［1］刘月霞,郭华.深度学习:走向核心素养:(理论普及读本)[M].北京:教育科学出版社,2018:32.

［2］柯文汇."探究温度对酶活性的影响"实验教学设计与实践[J].生物学教学,2021,46(6):35-36.

［3］中华人民共和国教育部.普通高中生物学课程标准(2017年版2020年修订)[M].北京:人民教育出版社,2020.

# 动眼、动手、动脑、动口、动情

## ——我的"双新"活力课堂思考

上海理工大学附属杨浦少云中学　姜丽

**【摘要】**　在高中生物教学活动中,教师不仅要帮助学生积累更多的生物学知识,更要提供给学生更多动眼、动手、动脑、动口的学习机会,进而引导学生积极主动参与生物课堂学习,唤醒学生内心求知的渴望,与之相应的"动情"教学目标也自然水到渠成。基于此,本文从动情、动手、动脑、动口几个方面论述高中生物课堂上提高教学效率的具体策略,让学生动起来,让课堂活起来。

**【关键词】**　高中生物　活力课堂　教学效率

2018 年 1 月 16 日,教育部颁布了《普通高中生物学课程标准》,这标志着我国生物学教育将进入一个以核心素养为导向的教学改革新阶段。新课程标准倡导探究式学习,强调学生通过动手、动脑的学习活动,主动获取知识、理解概念、了解科学家解决问题的思路和方法,并认同科学态度和科学精神。这给课堂教学带来了新的内涵和活力。可见,有活力的课堂教学是动态的,师生高效互动的,能激发出思维火花的课堂。

生物学作为一门试验性科学,大量的实验、观察、思考、探究、讨论意味着生物教学过程中要注重学习活动探究性。学生要获得生物学知识,既要动眼、动手,也要动脑、动口,更要动情,树立正确的生命观念,培养科学思维和探究能力以及能够解决生产生活问题的社会担当和责任感。在有活力的生物课堂中,只要学生用眼睛看,用双手做,用大脑思考,必然伴有丰富的情感、情绪的变化、语言的交流,在教师引导下教室成为学生亲身实践主动学习的活动场所,在这个过程中学生也必然会收获印象最深刻的生物学知识,这就是我的"活力生物课堂观"。以下就教学活动谈谈如何组织学生的学习活动,构建有活力的生物教学课堂。

## 一、动眼——进入活力生物课堂中的"有趣之门"

动眼,即观察生命现象。观察是学生认识生物的开始,学生通过观察发现自己感兴趣的问题。在生物学的课堂教学中,要注重留出充足时间,尽可能地向学生提供"动眼"观察的机会,引导学生在认识生命自然现象时,自觉地掌握观察的方法,亲历通过观察、发现问题进而探究、解决问题的过程,其中,观察是第一步,是打开自然现象规律"有趣之门"的不可或缺的环节。比如在学习到"细胞是生物体结构的基本单位"这部分内容时,我没有直接告诉学生这一大概念,而是开放生物学实验室。每个实验桌上都放有显微镜、若干张不同植物细胞、动物细胞、原核细胞的永久装片,学生可以像在图书馆中看书一样自由选择感兴趣的标本装片进行观察。微观世界本来就充满着神秘色彩,学生会非常感兴趣地主动走入生物课堂的大门,饶有兴致地通过显微镜观察细胞的形态,学习更加愉快轻松,这是活力课堂的良好开端。学生在观察大量各种细胞的形态时,亲自看一看,亲自比一比,会发现原来动物、植物细胞是由一个个独立的小房间组成,从而更加深刻理解细胞是生物体结构的基本单位,也能逐步感悟各种细胞的异同点。由于亲历了观察发现过程,在后续的课堂教学中"举例说明不同形态的细胞具有相似的基本结构""列表比较说明原核细胞与真核细胞的区别"等环节,学生有话可说,有例可举,师生互动高效,"生物体由多种多样的细胞构成""不同形态和功能的真核细胞具有相似的基本结构""原核细胞没有由核膜包被的细胞核"这些重要概念也就水到渠成地落实到位。在本次教学设计中,我深刻地体会到磨刀不误砍柴工的教学小小成就感,也体会到只要精心、科学设计课堂教学导入环节,充分给学生"动眼"观察的机会,丝毫不会浪费课堂教学时间,反而会生成许多教师没有预料到的东西,这其实是一种最生动、最具吸引力的学习资源,能够帮助学生认识生命自然现象的深远影响,更有利于帮助学生形成正确的生物学生命观念。

良好的学习情境,往往可以使枯燥乏味、平淡无奇的学习内容变得更加生动鲜活,趣味盎然,让学生情不自禁地产生新奇感和探索热情,从而触发学生的学习主动性。因此,教师在组织教学时,要立足教学实际,充分利用真实生活情景、实验室资源、科学史资源、网络视频资源等,精心设计有效的学习情境,创造更多学生"动眼"观察的机会,发现并进入活力生物课堂中的"有趣之门"。

## 二、动手——开启活力生物课堂中的"万能之钥"

动手即设计有趣的学生科学探究活动。为学生提供亲自动手学习的机会，是开启活力生物课堂的"万能之钥匙"。有活力的课堂应该呈现学生"忙"起来，教师"闲"下来的学习教学氛围，增加学生动手的密度，减少教师讲的密度。生物是一门探究性、实践性和操作性较强的课程，在高中生物教学中，教师要尊重学生主体地位，将更多的课堂时间留给学生。关注学生已有的知识经验和情感体验，设计开展丰富多彩的探究性学习活动，为学生提供充足的"动手"机会，引导学生自主行动起来，积极探究、操作、实践，在"动手"忙碌中完成探究任务。而教师在课堂中应相对"闲"下来，辅助指导学生完成学习任务。但这并不代表教师真的可以闲得无事可做，教师更应该在课前忙碌起来。为上好一节课，打造有活力的课堂，教师一定要不辞辛苦地在课前花几倍的时间去精心设计每一个学习活动，从而在课堂上为学生提供有效"动手"的机会。

不仅生物的实验课要当仁不让地创造学生"动眼""动手"的机会，其实理论课也可以创造出很多学生能够"动手"的、有趣的探究学习活动。比如在"有丝分裂"一节复习课时，细胞增殖过程中各时期的特点及示意图的辨析是学习的重点和难点。我以往的讲授方法是传统讲授方法，即按照细胞增殖时各时期的顺序画出相应示意图，依次引导学生总结各时期的特点。而当我尝试用游戏的方法复习本节知识时，收到了更好的学习反馈效果。我将植物细胞有丝分裂、动物细胞有丝分裂的教材插图打印后，将间期、前期、中期、后期、末期卡片顺序打乱，制作成1套小卡片，每个学生学习小组一套，并请学生将打乱的有丝分裂过程图正确排序，并说明理由。学生为了完成这个游戏任务，主动复习回忆知识，遇到"纺锤丝""纺锤体""着丝粒"等容易混淆的概念时，教师及时协助解决，学生的学习热情高涨。在游戏模式的任务驱动下，学生自发地互相讨论，说出排序理由，而且更让我意外的是学生在推理为什么前期图要排在中期图前面时，说到"只有前期纺锤丝出现，才能够牵引着染色体移动，呈现中期染色体着丝粒排列在赤道面上的特征"，这无疑在学生自主"动手"解决问题的同时，慢慢体会到结构与功能相适应的生命观念，这是一堂令我有意外之喜的生物课，是一堂有活力的生物课！

学生对于喜欢的东西学习得最快。陶行知先生说："学生有了兴味，就会用全副精力去做事。所以，学与乐是不可分离的。"有趣的学习"动手"活动，是开启活力生物课堂的"万能之钥",能充分调动学生的情感因素,在游戏式"动手"中,学生的思维和情感需求都会得到和谐发展。教学中,我们可以采用拼图游戏、竞猜游戏、编制试题"考考你"等各种游戏活动,极大激发学生兴趣和参与欲望,促进人人"动手",形成个个动起来的活力课堂。

### 三、动脑——激活活力生物课堂中的"思维之花"

动脑即用科学思维积极思考,在课堂上调动学生思维是十分关键的,"动眼""动手"的目标是创造能够调动学生动脑思考的时机和情境。当学生在"动眼""动手"的过程中,思维产生障碍或矛盾时,他们便会更积极主动地动脑思考。此时,他们的探索积极性很高,如果引导恰当,学生学习的"思维之花"便会激活。所以在教学中,教师可以设置一系列问题情境,引导学生通过积极思考,攻克一个个学习难题。可是衡量活力课堂的指标不应只注重教师提问的数量,而是问题的质量。如果一堂课下来,教师提了很多问题,但是提问缺乏科学的设计和组织,简单琐碎,层次偏低,常常是课堂上即兴的满堂提问,而学生大多时间都在机械地回答"是"与"不是","对"与"不对",表面上热热闹闹,学生看似"动"了起来,但并未真正"动脑"。

教师在课堂上提问的问题是备课的一项重要环节,提问不能太单调,要具有多样性、趣味性、启发性,要在充分关注和考虑学生已有的知识与经验后,提出能够为学习重点、难点服务的课堂教学问题。在备课中,教师要精心设计教学过程和活动,使学生在现实生活背景中学习生物学,学会思考问题的方法,指导他们在解决实际问题的过程中深入理解生物学的核心概念,在教学过程中和教学活动后能够运用生物学的原理和方法参与公众事务的讨论或作出相关的个人决策,为他们进一步深入学习和步入社会做准备。这更要求教师在课前做好预设与追问准备。需要注意的是,提问后要给学生一定的思考留白时间,不要急于报出答案,学会等待和相信,可能学生的正确答案正在路上,只是来得慢一些……另外,对于学生"动脑"思考出的回答要给予及时恰当的鼓励性评价或指导建议,让学生的"思维之花"开得更美,花期更长,花香更浓郁!

### 四、动口——浇灌活力生物课堂中的"勇敢之树"

动口即用科学的语言有逻辑地表达。语言是思维的外壳。学生动口表述自己对一类生命科学现象的看法,有助于调动学习生物的兴趣,有利于营造学生自我探究的氛围。比如"遗传病的预防"一节中，教师可以准备几个典型遗传病家庭案例，引导学生分析遗传病遗传方式并提出优生优育的遗传咨询建议。学生在"动口"说明遗传病遗传方式时，既锻炼了生物学语言的表达能力，也展现了清晰的解题思路，提升了科学思维，这对于今后的学习、工作生涯都是一笔宝贵的财富。在从优生优育的角度为遗传病家庭遗传咨询环节，在学生"动口"表达建议时，教师应该适时引导学生规范语言，树立尊重生命的意识，根据遗传病对后代的影响危害程度，恰当表达咨询建议，对于色盲这类不影响正常生活的遗传病或后天可以治疗的遗传病应该正确看待，纠正只要患遗传病就建议"终止妊娠"的错误观念。

课堂讨论也是课堂教学中学生"动口"表达的契机，课堂讨论运用得当与否，直接影响到教学效果的好坏。在高中生物课堂教学中，教师要从关注学生的实际学情，关注学生的"最近发展区"，从学生熟悉的、感兴趣的或者富有探究意义的问题出发，围绕学习活动中的重点、难点、疑惑点或者社会热点等，引导学生运用已有的知识经验，在课堂中展开讨论、合作交流、各抒己见，调动学生"动口"表达，促进学生思维的碰撞和知识的动态形成，培养学生的创新意识，展现学生的个性风采，促成有活力的生物课堂。比如教师在讲完"免疫调节""基因工程"部分时，可以抛出问题：现在很多朋友对新冠疫苗接种很关心，有些人听说疫苗也是病毒抗原，担心安全性；有些人又说新冠病毒是 RNA 病毒，很容易变异，打了疫苗也没有用。这些说法正确吗？再比如学习完"脂质"，教师可以提出问题：青少年为了减肥不吃脂类物质，这个做法合理吗？等等。针对生活中真实问题组织交流讨论，不仅能够让学生的思维真正动起来，懂得用所学知识解决生活实际问题，而且能促使学生形成良好的生活习惯。

值得注意的是学生的生物学语言表达能力是需要锤炼打磨的，而现阶段的高中生大多数不愿意或者不敢于表达自己的想法和观点，作为教师要多创设一些给学生"动口"表达的学习活动情境，鼓励学生"动口"，用教师独有的耐心与用心浇灌学生"动口"表达的"勇敢之树"，期待学生慢慢成长。

## 五、动情——涌动活力生物课堂中的"唤醒之泉"

动情即发自内心的情感共鸣。德国哲学家雅斯贝尔斯曾经说过："教育的本质意味着一棵树摇动另一棵树，一朵云推动另一朵云，一个灵魂唤醒另一个灵魂。"这就要求教师在教学内容的处理加工与教学方法手段的恰当运用上多动脑筋,多下功夫。该引导学生"动情"的地方不应该忽略,无需"动情"的环节也不需要刻意营造。人的情绪可以相互感染与传递,不难理解,教师在教学活动中的"动情"环节如果连自己都打动不了,又何谈触动学生。在教学内容中设计触动学生"动情"的环节,只有教师发自内心地感动与思索,才会涌动起学生情感的共鸣,这样的课堂无疑能够唤醒学生内心,是学生所期盼的,与之相应的教学目标也自然水到渠成。

　　总之,现实生活为生物课堂教学提供了最丰富的活动内容,只要有心,就会发现无处不在的合适且丰富的教育环境和教育资源。活力课堂是由教师和学生共同创造的,两者缺一不可。学生学习的主体地位需要教师保驾护航,也需要通过教师精心科学的教学设计才能够实现。构建活力课堂不应该停留在师生一团和气、课堂热热闹闹的表面,而是要贯彻新课标"倡导探究式学习"的理念,及时更新教学思想,丰富教学内容,充分相信、调动、挖掘学生内在潜能,创新教学模式,构建学生动眼、动手、动脑、动口、动情的活力课堂!

**参考文献**

[1] 陈志华. 动口·动手·动脑·动情——我的好课观[J]. 教师之友,1998
　　(12):6-7.

[2] 陈文娟. 如何构建高中生物活力课堂[J]. 新课程:中学,2016(4):1.

[3] 董建波. 鼓励动手,提高高中生物实验效果[J]. 考试与评价,2015(9):49.

# 利用双缩脲试剂法和考马斯亮蓝法测定蛋白质含量的比较研究

上海市杨浦高级中学　陈亚汶

【摘要】　为了优化新版沪教版生物学教材第一册中"蛋白质含量测定"实验的准备工作,确保实验数据的精准可靠,比较了双缩脲试剂法和考马斯亮蓝法测定蛋白质含量的灵敏度与检测时间。

【关键词】　新教材　实验优化　双缩脲试剂法　考马斯亮蓝法

## 一、问题提出

"检测生物组织中的蛋白质"实验是课标要求的经典实验,食物中的营养物质贴近学生的日常生活,学生可以通过该实验掌握基础的生物化学测定方法。为了更好地落实对于学生科学探究能力的培养,新课标提出将原有的定性实验发展为定量实验,而"食物中蛋白质含量测定"实验作为生物学高中阶段的第一个定量实验,对于引导学生进行规范化的操作、完成简单实验数据的分析而言尤为重要。因此,笔者希望针对该实验寻找一个适合高中生物学使用的方法。在查阅了与蛋白质含量测定相关的文献之后,结合高中生群体实验技能水平、高中生物实验室实验条件等因素,笔者选择了利用双缩脲试剂法和考马斯亮蓝法测定蛋白质含量[1]。本文比较了两种方法的反应时间与检测灵敏度,同时选用了鸡蛋、牛奶、大豆等生活中常见食物进行了蛋白质含量测定,为实验准备提供了更多可能。

## 二、实验材料和方法

### (一) 实验试剂

牛血清蛋白粉、硫酸铜、酒石酸钾钠、碘化钾、氢氧化钠、蒸馏水、考马斯亮

蓝 G250 染料试剂(由考马斯亮蓝 G250、乙醇、磷酸组成)

**(二) 实验器材**

试管架、试管、100 ml 容量瓶、烧杯、分析天平、移液枪、752 紫外可见分光光度计、记号笔。

**(三) 实验步骤**

1. 探究双缩脲试剂法的反应时间及检测灵敏度

(1) 配制浓度为 25 mg/ml 的牛血清蛋白溶液。

(2) 配制双缩脲试剂。分别称取 1.5 g 硫酸铜、6.0 g 酒石酸钾钠和 1.0 g 碘化钾,溶解于 500 ml 蒸馏水,边搅拌边加入 300 ml 质量分数为 10% 的氢氧化钠溶液,最后用蒸馏水定容至 1000 ml,避光保存。

(3) 取 35 支试管,依次编号为 0~34,用移液枪向各试管中分别加入不同量的牛血清蛋白溶液及蒸馏水共计 1 mL,使得各试管中的牛血清蛋白含量分别为 0 mg/ml、0.1~0.9 mg/ml(浓度梯度为 0.1 mg/ml)、1~25 mg/ml(浓度梯度为 1 mg/ml),用移液枪向每支试管加入 4 mL 双缩脲试剂,充分混匀后分别静置 2 min、5 min、10 min。

(4) 吸光值测定。以"0"号试管为空白对照,将分光光度计在 540 nm 波长处调"0",随后分别测定各样品在 540 nm 处的吸光值(记录为 $A_{540}$)。以蛋白质含量为横坐标,$A_{540}$ 为纵坐标,用 Excel 软件分别绘制蛋白质含量为 0~1.0 mg/ml(浓度梯度为 0.1 mg/ml)以及蛋白质含量为 0~25.0 mg/ml(浓度梯度为 1 mg/ml)的曲线。

2. 探究考马斯亮蓝法的反应时间及检测灵敏度

(1) 配制浓度为 1 mg/ml 的牛血清蛋白溶液。

(2) 取 11 支试管,依次编号为 0~10,用移液枪向各试管中分别加入不同量的牛血清蛋白溶液及蒸馏水共计 0.5 ml,使得各试管中的牛血清蛋白含量分别为 0~1.0 mg/ml(浓度梯度为 0.1 mg/ml),用移液枪向每支试管加入 5 ml 考马斯亮蓝染料试剂,充分混匀后分别静置 2 min、5 min、10 min。

(3) 吸光值测定。以"0"号试管作空白对照,将分光光度计在 595 nm 波长处调"0",随后分别测定各样品在 595 nm 处的吸光值(记录为 $A_{595}$)。以蛋白质含量为横坐标,$A_{595}$ 为纵坐标,用 Excel 软件绘制曲线。

3. 待测样品蛋白质含量测定

选取牛奶、蛋清、大豆、小麦、水稻、香蕉以及洋葱等生活中常见的食品作为待测样品。对于样品的处理分别如下：

牛奶：取适量牛奶以 15 000 r/min 的速度离心 10 min，除去上层油脂后，取上清液加蒸馏水稀释 20 倍备用。

蛋清：取适量蛋清，加入蒸馏水稀释 20 倍，搅拌混匀后以 3 000 r/min 的速度离心 5 min，取上清液备用。

大豆：称取 50 g 大豆，加入 1 000 ml 蒸馏水浸泡 3～4 小时后制成豆浆，过滤，取适量滤液以 15 000 r/min 的速度离心 10 min，加蒸馏水稀释 50 倍备用。

小麦：称取 1.0 g 待测样本，加入少量石英砂和 40 ml 蒸馏水研磨提取，以 15 000 r/min 的速度离心 10 min，取上清液备用。

水稻、香蕉：称取 1.0 g 待测样本，加入少量石英砂和 10 ml 蒸馏水研磨提取，以 15 000 r/min 的速度离心 10 min，取上清液备用。

洋葱：除去紫色鳞叶表皮后称取 1.0 g 待测样本，加入少量石英砂和 10 ml 蒸馏水研磨提取，以 15 000 r/min 的速度离心 10 min，取上清液备用。

分别取 1.0 ml 牛奶与蛋清制备液与 4.0 ml 双缩脲试剂混合均匀，静置 2 min 后，利用分光光度计分别测定各样品在 540 nm 处的吸光值（$A_{540}$），利用标准曲线 $y = 0.044 6x + 0.011$ 计算蛋白质溶液浓度 $X_0$，牛奶/蛋清中蛋白质含量（$mg \cdot mL^{-1}$）$= X_0 \times N$，N 为溶液稀释倍数。

分别取 0.5 ml 大豆、小麦、水稻、香蕉以及洋葱制备液与 5.0 ml 考马斯亮蓝染料试剂混合均匀，静置 2 min 后利用分光光度计分别测定各样品在 595 nm 处的吸光值（$A_{595}$），利用标准曲线 $y = 2.960 3x + 0.096 8$ 计算蛋白质溶液浓度 $X_0$，对应样品中蛋白质含量（$mg \cdot g^{-1}$）$= X_0 \times N$，N 为总稀释倍数。

## 三、结果与分析

### （一）探究双缩脲试剂法的检测灵敏度及反应时间

利用双缩脲试剂法测定蛋白质含量结果见图 1 和图 2。

图 1 显示，当蛋白质溶液浓度为 0～1.0 mg/ml 时，虽然吸光值随蛋白质溶液浓度的变化整体呈线性，但利用 Excel 软件进行拟合时发现 2 min、5 min 以及 10 min 时的 $R^2$ 分别为 0.967 4、0.977 9 以及 0.989 8，均小于 0.99。图 2

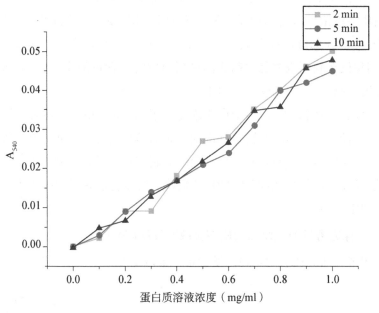

图1　双缩脲试剂法(蛋白质溶液为0～1.0 mg/ml)吸光值测定

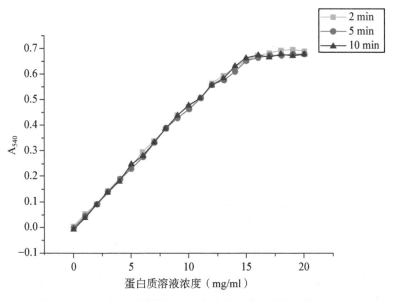

图2　双缩脲试剂法(蛋白质溶液为0～20 mg/ml)吸光值测定

显示,当蛋白质溶液浓度大于 15 mg/ml,已经无法利用本实验中的配方准确测量蛋白质溶液浓度。对蛋白质溶液浓度为 1~15 mg/ml 时利用 Excel 软件进行拟合时,得到标准曲线公式为 $y=0.044\,6x+0.011,R^2=0.995\,9$。综上所述,我们建议在利用双缩脲试剂法测量蛋白质溶液含量的实验中,应将蛋白质溶液浓度控制在 1~15 mg/ml 之间。

结合图 1 与图 2 可知,当蛋白质浓度低于 1.0 mg/ml 时,随着双缩脲试剂与蛋白质溶液反应时间的延长,标准曲线拟合度略有上升;而当蛋白质浓度大于 1.0 mg/ml 时,反应时长对于标准曲线的制作几乎没有影响。因此在利用双缩脲试剂法测量蛋白质溶液浓度时,我们建议可以将静置时间缩短为 2 min,从而节约课堂时间。

**(二) 探究考马斯亮蓝法的检测灵敏度及反应时间**

利用考马斯亮蓝法测定蛋白质含量结果见图 3。

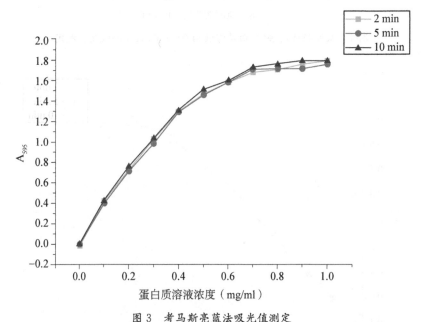

图 3　考马斯亮蓝法吸光值测定

图 3 显示,当蛋白质溶液浓度为 0~0.5 mg/ml 时,吸光值随蛋白质溶液浓度的变化呈现较好的线性关系,利用 Excel 软件进行拟合时,得到标准曲线公式为 $y=2.960\,3x+0.096\,8,R^2=0.993\,2$。因此在利用考马斯亮蓝法测量蛋白质溶液浓度时,应将蛋白质浓度控制在 0~0.5 mg/ml 之间。

图 3 同时显示,在蛋白质溶液浓度为 0~0.5 mg/ml 时,反应 2 min、5 min 以及 10 min 三组之间没有明显差异,因此在用考马斯亮蓝法测定蛋白质溶液浓度时,静置时间设置为 2 min 即可。

综上所述,为了提高测量的精确度,我们建议当蛋白质溶液浓度为 0~0.5 mg/mL 时,选用考马斯亮蓝法进行测定;当蛋白质溶液浓度为 1~15 mg/ml 时,选用双缩脲法进行测定。同时考量课堂效率以及学生的操作熟练度,可以在实际课堂中将反应时间设置在 2~10 min 之间均可。

### (三) 待测样品蛋白质含量测定

各待测样品吸光值及蛋白质含量记录见表 1。

表 1 待测样品蛋白质测定结果

| 待测样品 | $A_{540}$ 或 $A_{595}$ | 蛋白质含量 $mg \cdot ml^{-1}(mg \cdot g^{-1})$ |
|---|---|---|
| 牛奶 | 0.083 | 32.29 |
| 蛋清 | 0.228 | 97.3 |
| 大豆 | 1.093 | 336.5 |
| 小麦 | 0.866 | 10.4 |
| 水稻 | 0.84 | 2.51 |
| 香蕉 | 0.209 | 0.38 |
| 洋葱 | 0.403 | 1.034 |

表 1 中所选食物样本为生活中常见食物,教师可以依据各自实验室的条件选择合适的材料与方法完成蛋白质含量测定的实验,同时也可以鼓励学生依据本文介绍的方法去检测更多样品中的蛋白质含量。

## 四、总结

生物学是一门基于实验的自然学科,与基础的理论知识相比,实验教学同样重要,在新版的沪教版教材中,新增了不少定量实验。在定量实验过程中,通过对数据的处理与分析,更有利于培养学生严谨务实的科学探究精神和归纳与演绎的科学思维能力。定量实验的开展不仅能够更好地锻炼学生的科学思维能力,也更进一步培养了学生进行实验设计与数据处理的科学探究能力。

为了帮助学生开展实验，实验的准备工作要求更细致，对教师专业素养的要求也更高，我们必须在每一次实验前不断地摸索更完备的实验条件，保障学生实验高效有序地进行，从而更有效地落实学科核心素养的培养。

**参考文献**

[1] 彭波,宋晓华,李慧龙等.水稻种子蛋白质含量检测方法的比较分析[J].
　　 江苏农业科学,2018,46(4):22-28.

# 基于 PCK 理论的高中生物
# 核心素养的培养策略

上海市民星中学　余付蓉

【摘要】　教师应根据学生的实际特点,选择性地运用教学策略,将学科知识和教学内容转化成学生能够理解和掌握的知识。本文以 PCK 理论为指导,将教学内容和教学方法有效融合,探讨培养学生核心素养的教学策略,在实际教学活动中真正贯彻落实生物学科核心素养。

【关键词】　PCK 理论　高中生物　核心素养　培养策略

学科教学知识(Pedagogical Content Knowledge,简称 PCK)理论最初是由舒尔曼(Shulman)于 1986 年提出的,他将 PCK 理论定义为"将学科和教学融为一体,通过理解特定单元、主题或问题如何组织、表示,以适应不同学生的学习兴趣和能力"[1]。学科的 PCK 理论基础是教师的教学法及教师对学科内容理解度的结合体,此理论有利于教师不断发挥主观能动性,整合自身经验和学科知识去理解主题,从而以新的方式阐明、组织、划分主题,并在学科活动、情感态度、概念隐喻和知识练习中积极覆盖,同时通过示例和演示便于学生理解与掌握。简言之,就是教师能够根据学生的实际特点,选择性地运用教学策略,将学科知识和教学内容转化成学生能够理解和掌握的知识。

学科核心素养是学科育人价值的集中体现,是学生通过学科学习而逐步形成的正确价值观、必备品格和关键能力[2]。生物学学科核心素养包括生命观念、科学思维、科学探究以及社会责任四大要素。教师的教学方法及学生的学习意识极大地影响着高中生物核心素养的培养,本文以 PCK 理论为指导,探讨培养学生核心素养的科学教学策略,提高教学质量,促进有效教学。

## 一、科学史观＋概念映射，渗透学生生命观念

生命观念是人们对生命总的观点和看法，包括生命的系统观、生命的物质观、结构和功能观、稳态与调节观等。生命观念由概念支撑，而概念的建构往往是通过科学事实获得的。生物科学史展示了科学家发现问题的一系列探究过程。学生依托生物科学史料，能够归纳、概括形成大概念，再层层推进形成重要概念、次位概念等，从而对相应的生命科学知识本源有更深入的认知，最终形成生命观念。概念映射则是一种以图形、网络方式来表示各种概念、思想和元素之间联系的技术。概念映射不使用书面或口头描述，而是使用各种图表关系以帮助教师梳理清楚教学目标及教学重难点，通过演示生物大概念之间的关系，培养学生树立分析性和批判性思维，提升学生的理解水平并促进深度学习。如讲授"光合作用将光能转换并储存为糖分子中的化学能"中，绪尔、鲁宾和卡门等人围绕"植物从环境中获取什么样的物质和能量"这一问题，进行了层层递进的实验，逐步探索出光反应和碳反应的过程，构建了反应过程中的概念模型。教师可以沿着科学家的研究思路和实验过程，引出光合作用的反应物、生成物、场所、物质和能量变化等，引导学生认识到光合作用是植物从环境中获取生长所需物质和能量的主要途径，渗透生命的物质观、能量观。

## 二、物理模型＋情境分析，建立学科科学思维

科学思维是人对自然界中客观事物的认知行为、方式和品质的反应，包括比较和分类、分析和综合、归纳和演绎、抽象与概括等。高中生物教学中，通过灌输和死记硬背是难以建立学科科学思维的。依据 PCK 理论，教师可视具体情况整合自身知识，采用不同类型的教学方法，例如引导学生思考、讨论以寻找更多信息，或指导学生研究事实、分析问题，总结作用机制及制定可行的解决方案。物理模型是一种直观教学方法，教学过程中教师可将抽象的学科知识转换成具体的、可视化的实物，如学生们常常对细胞中不同细胞器的结构和功能、减数分裂过程中各时期图像的变化等，特别是它们之间的关系感到困惑。教师可要求学生在学习后制作"真核细胞的结构模型""减数分裂过程中染色体的变化模型""性状分离比的模拟实验"等相应的物理模型，既便于了解学生掌握知识的程度，同时也能使学生对信息、图像的理解更准确、更具体。

在教学中融入一点生活味，把"死知识"变为"兴趣生活"，可以增强课堂学

习氛围的趣味性,更容易引起学生的注意力。情境分析便是一种效益极佳的生物教学方法。问题情境应以贴近真实生活情境或社会实际情况为主,以便帮助学生更好地理解生物概念,掌握生物知识和技能,提高分析问题、解决问题的能力。教师也可通过虚拟故事汇编帮助学生可以立即与"故事"产生共鸣,引导学生主动参与观察、思考、分析,发展学生的学科逻辑思维。如教授"信息在神经系统中的传递"这一堂课中,神经元的结构、信息在神经纤维中的传导以及信息在突触上的传递是本节课的重难点。此类生物教学内容涉及微观结构产生的微观问题及微观知识,具有内容抽象、概念复杂、枯燥乏味等特点。高中阶段的生物教学则应力求打破这一现象,将微观内容宏观化,充分调动学生学习的积极性,让学生在"动脑思考""动嘴说""动手做"等一系列的活动中体验、感悟乃至发现和解决问题。笔者在课堂中将人体臂膀结构比作神经元,让学生感知神经元的大致结构。神经元主要由树突、细胞体、轴突构成,依次可以比拟成五指、掌心、手臂,信息在单只手臂上的传递即信息在神经纤维(涉及单个神经元)中的传递,前后同学手搭肩即信息在突触(涉及两个或多个神经元)中的传递。学生将两处具体的传递方式及过程弄清楚后,笔者创设了学生能够独立探究的情境:展示神经—肌肉接头模式图(见图1),其结构和功能与突触类似。研究发现,钙离子是小泡膜与突触前膜贴紧融合的必要因素,肉毒毒素会占据钙离子通道。美容业常用注射"肉毒毒素"的方法来美容,据图分析注射肉毒素可能会导致面瘫的原因。

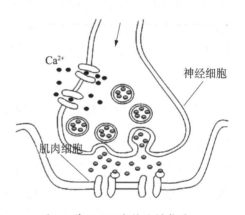

图1　神经—肌肉接头模式图

　　学生通过该情境分析,进一步体会突触的传递过程,让学生在学习上具备连续性和递进性,有效发展逻辑思维能力。

### 三、任务驱动＋小组合作,加强科学探究能力

　　科学探究是学生获得新知、提升自身科学素养的一种能力。为提高学生学习质量,促进有效教学,基于 PCK 理论,教师可设计小任务,开展以任务驱动为主的探究式教学模式,并要求小组合作完成。小组合作有助于改善部分学生沉

默寡言的性格,促进良好沟通技巧的发展,并促进同小组内部的积极思考、交流互动。此生物教学方法可以有效促进学生从表面学习转变为深度学习,将被动学习转变为主动学习。合作学习可以在课堂内或课堂外构建。课内活动包括趣味生物小游戏,观察了解生物现象,推理揭示生物内在本质,解决相关科学问题,总结学科教材知识,排除常见误区和集思广益等。课外活动以进行生物实验或主题研究为主,包括问题集的资料搜集,生物实验报告编写以及课堂演示的准备等。如"物种的种群密度估测"实验,很多教师会直接在课堂上讲授,但此教学方法会导致学生无法亲身体验,不利于学生掌握科学研究方法。笔者对此进行了教学改进:①课堂模拟调查,即课前准备某公园等比例缩小模型;②课外实地调查,即师生前往某公园实地调查。两种教学模式均需将学生进行分组,并下发《群落生物多样性调查记录表》。教师先简要介绍了实验过程:①记录调查样线两侧规定宽度范围内观察到目标生物的个体数量以及样线的长度;②计算样线调查覆盖面积中目标生物的种群密度;③各小组汇报交流。同时提出如下问题让各小组思考讨论:a. 调查过程中需注意什么? b. 如何处理调查数据? 通过此类教师设计活动及问题,不仅能够帮助学生理解和巩固所学生物知识,同时能够发展学生的合作设计技巧和语言表达技巧,增强学生的科学探究能力。

## 四、科学评价＋迁移应用,树立自身社会责任

社会责任是学生基于生物学的认识,参与个人与社会事务的讨论,作出理性解释和判断,解决生产生活问题的担当和能力[2]。学习是否有效取决于教学目标是否达成。学生的学习评估是一个持续的过程,应贯穿于整个生物学习和教学活动中,同时对学生生物知识学习情况的评价方法也应多样化,尤其是应将真实性评价融入课堂中,如通过日志撰写、图形绘制、实践作业、思维导图、多项选择测试或活动观察结果等,评估学生对生物知识的理解。对学生来说,通过客观和真实的科学评估可帮助他们形成自己的学习风格和知识技能,也有助于学生对自己所接受的教育和个人发展负责。知识是动态的,生物学科知识是增强学生社会责任的重要载体,学习过程要求学生能够根据社会条件,将知识运用于生活,并根据学科文化的现状,自觉、努力地实现个人的教育需求、兴趣目标,形成正确的价值观念和生活方式,从而树立正确的生命观念和社会责任。如学习"细胞的分子组成"时讲到的蛋白质、核酸、糖类、脂质、水和无机盐等,它

们不仅是细胞和生物体的结构成分,也是细胞和生物体各项生命活动的物质基础。授课过程中,教师应积极引导学生自主分析资料获取信息,阐释组成细胞的分子特点,举例说明这些分子的结构如何与功能相适应。运用物质与能量观,将学科知识与生活健康相结合,解决生活中的具体问题,帮助学生积极关注健康、关爱生命,养成良好的饮食结构和生活习惯,以个人带动家庭,最终促进整个社会的健康发展,树立并落实自身社会责任。

## 五、结语与反思

在信息迅速增长的时代,由于社会和技术的不断变化,整个教育范式亦在不断变化,自然科学领域的学习与教师、学生所使用的方法更为重要。高效、经验丰富的教师能够将学科主题内容转化并制定成学生可以理解的形式。如何在高中生物教学中有效培养学生的核心素养,是每位生物教师应该不断思考和进一步探究的问题。

本文以 PCK 理论为着眼点,探讨了如何将教学内容和教学方法有效融合,以在实际教学活动中真正贯彻落实生物学科核心素养。在生物课堂教学中,教师应积极成为组织者、管理者、协助者,将生物学科知识和教学方法融为一体,指导和支持学生的认知活动,以学生为中心,促进学生自主学习。当学生从生物学科中获得知识和技能时,他们可以将这些知识和技能运用到生活中,并将其作为进一步学习的基础,与其他学科方法相结合,最终实现综合发展、全面发展。

**参考文献**

[1] Chapoo S, Thathong K, Halim L. Understanding Biology Teacher's Pedagogical Content Knowledge for Teaching "The Nature of Organism" [J]. Procedia-Social and Behavioral Sciences, 2014(116): 464-471.

[2] 中华人民共和国教育部. 普通高中生物学课程标准(2017 年版)[M].北京:人民教育出版社,2018:1-74.

# 基于信息技术的"观察外界溶液对植物细胞质壁分离和复原的影响"教学设计

复旦大学附属中学　张燕

【摘要】　在观察外界溶液对植物细胞质壁分离和复原的影响一节教学设计中,借助微视频帮助学生在实验教学前熟悉实验步骤,掌握软件ImageJ 的使用。课上借助 Surface 记录实验现象,利用 ImageJ 软件收集数据,通过 Excel 分析、呈现实验结果。实践表明,借助信息技术开展实验,提高了课堂效率,增加了实验结果的精确性,培养了学生严谨的科学思维和科学探究的能力。

【关键词】　质壁分离　信息技术　实验教学

## 一、教材分析及设计思路

本节课是上海科学技术出版社 2021 版必修 1《分子与细胞》第 4 章第 1 节第 2 课时"探究·实验 4-1"的内容。本节内容对应《普通高中生物学课程标准(2017 年版 2020 年修订)》中的大概念 2"细胞的生存需要能量和营养物质,并通过分裂实现增殖"中的"2.1.1 阐明质膜具有选择透过性"。课程标准在"分子与细胞"模块的教学提示中,明确建议教师要组织好观察、实验探究等学习活动,帮助学生增加感性认知,克服对微观结构认识的困难,领悟科学研究的方法并习得相关操作技能。因此,本节课以生活化情境"洋葱腌制出水"为切入点,引导学生探究外界溶液对植物细胞质壁分离和复原的影响,借助信息技术,提高学生科学探究的效率和精确性,通过对实验现象的观察和对实验结果的分析,增加学生的感性认知。

教材中本节内容包含两部分,分别为观察和测量植物细胞质壁分离程度、观察质壁分离细胞的复原。基于教材,本实验一共分为两个部分,分别为探究不同溶液对植物细胞质壁分离程度的影响、观察质壁分离细胞的复原。传统的质壁分离实验多定位于定性观察,为让学生在量的变化中了解事物的本质,本实验借助 Surface、ImageJ 软件、Excel 分析等工具,引导学生实事求是地记录、分析实验数据,定量表述实验结果,从而帮助学生拓展生物学思维的深度和广度,培养其严谨的科学态度。

## 二、教学目标

基于课程标准的内容要求、学业要求和学业质量标准,并围绕培养学生核心素养的要求,制订了如下教学目标:

(1)通过科学探究活动,理解细胞质膜具有选择透过性,在实验实施过程中发展科学思维。

(2)通过科学地记录实验现象、采集和分析实验数据,阐释植物细胞质壁分离和复原的原因,培养科学探究能力。

(3)通过运用所学知识解释真实情境中的问题,培养社会责任意识。

## 三、教学过程

### (一)课前预习

本节实验为定量实验,需要借助 ImageJ 软件进行实验数据的收集,为提高课堂效率,课前向学生提供微视频,帮助学生熟悉 ImageJ 软件使用及实验操作步骤。

**设计意图:**通过微视频,熟悉 ImageJ 软件使用和实验操作步骤,初步形成科学研究的定量思维。

### (二)情境引入

教师设置情境:洋葱腌制后有水渗出,体积变小,原因是什么? 待学生回答出洋葱失水之后,教师进一步提出问题,洋葱失去哪里的水? 失水的原理是什么? 引出本节的主题。

**设计意图:**以常见的生活情境洋葱腌制后有水渗出,体积变小引入新课,使学生感知到生物学与人类生活密切相关,符合学生的认知规律,从而激发学生的学习兴趣和探究欲望。

### (三)实验探究

探究不同浓度的蔗糖溶液和不同浓度的 NaCl 溶液对植物细胞质壁分离

和复原的影响,包括观察植物细胞质壁分离程度、测量植物细胞质壁分离程度、观察质壁分离细胞的复原。

### 1. 观察植物细胞质壁分离程度

课前学生已经通过微视频预习过实验步骤,教师引导学生回顾实验过程中的关键点,如取材取哪里？ 如何取？ 引流有什么注意事项？ 然后展示带有质壁分离的植物细胞的显微图片,请学生选出发生质壁分离的细胞。并请学生思考:质壁分离程度与外界溶液有什么关系？ 如何定量比较这四个细胞的质壁分离程度？ 学生结合预习内容,推测可以借助 ImageJ 软件测量细胞面积和原生质体面积,通过比值定量比较细胞的质壁分离程度。

**设计意图:**通过判断植物细胞质壁分离现象,帮助学生定性认识植物细胞质壁分离现象。通过设置问题串,引导学生回顾预习内容,初步形成定量比较植物细胞的质壁分离现象的思维。

### 2. 测量植物细胞质壁分离程度

组织学生结合实验手册,小组合作完成探究实验。将学生分为 6 组,每组 6 人,其中 1、2、3 组分别探究 10%、20%、30%蔗糖溶液对洋葱外表皮细胞质壁分离的影响,4、5、6 组分别探究 2.0%、3.0%、4.0%NaCl 溶液对洋葱外表皮细胞质壁分离的影响。每组细分为 3 个小组,3 个小组的数据平均后为最终数据。实验过程中,每组均在引流后 2 min、4 min、6 min 用 Surface 拍摄记录实验现象,并在两次拍照的时间间隙利用 ImageJ 软件测量原生质体面积(S2)和细胞面积(S1),计算 S2/S1。完成测量的小组将数据填入电脑里的 Excel 表格里(以第 1 组为例,见表 1)。

表 1　实验结果记录表

| | | 0 min | 2 min | 4 min | 6 min |
|---|---|---|---|---|---|
| 第 1 组<br>(10%蔗糖溶液) | 小组 1 | | | | |
| | 小组 2 | | | | |
| | 小组 3 | | | | |
| | 平均值 | | | | |

汇总各小组实验数据,利用 Excel 里的插入图表功能,将各组的数据绘制成曲线图(见图 1、图 2),引导学生从溶质种类、溶液浓度分析实验数据。

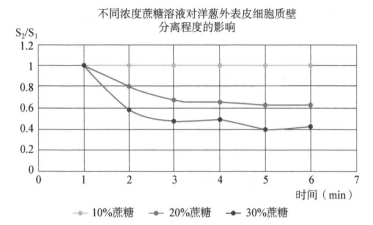

图1 不同浓度蔗糖溶液对洋葱外表皮细胞质壁分离程度的影响

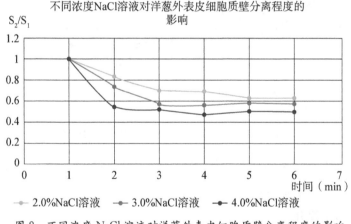

图2 不同浓度NaCl溶液对洋葱外表皮细胞质壁分离程度的影响

**设计意图：**通过科学探究活动，培养学生科学探究能力。在数据处理过程培养学生分析、归纳与概括的科学思维。

3. 观察质壁分离细胞的复原

组织学生在已发生质壁分离的盖玻片上滴加蒸馏水，重复引流操作，观察质壁分离细胞的复原。

教师补充30%蔗糖溶液和3.0%NaCl溶液条件下，25分钟内洋葱外表皮细胞质壁分离程度变化的实验结果（见图3、图4）。引导学生基于实验数据，结合所学知识，分析推测两种条件下质壁分离程度变化不同的原因。

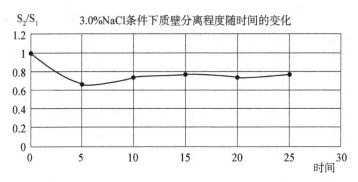

图3　30％蔗糖条件下质壁分离程度随时间的变化

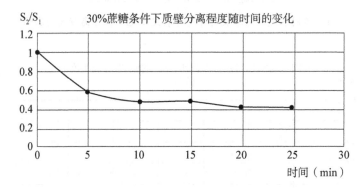

图4　3.0％NaCl条件下质壁分离程度随时间的变化

**设计意图:**通过分析实验数据,培养学生分析、归纳与概括的科学思维,拓宽学生的思维深度和广度。

### (四) 应用提升

展示资料:糖醋蒜的制作过程中糖醋汁液面先上升后下降,蒜瓣膨胀且有酸甜的味道。请学生应用所学知识分析原因。

**设计意图:**联系生活,学以致用,增强学生的社会责任意识。

## 四、教学反思

本节教学设计落实了课程标准中对生物学学科核心素养的要求。本节课起于生活,落于生活,在生活化情境中,引导学生借助 Surface、ImageJ 软件、Excel 分析等信息技术,实事求是地记录、分析实验数据,定量表述实验结果,帮助学生拓展科学思维的深度和广度,培养科学探究的能力和严谨的科学态度,通过用所学知识分析解决生活中的问题,增强其社会责任。

实验教学对学生的动手操作能力要求较高,每位学生的动手能力存在差异,实验操作中可能会存在一些变数,因此课前预习非常重要,本节课通过微视频帮助学生在课前完成预习任务,提高了课堂效率,也拓宽了教师的教学思路。

# 线上线下融合式教学模式在高中生物学教学中的探究

上海市中原中学　唐楠楠

**【摘要】** 在网络大环境下,教育行业积极运用网络技术优化现有教学方式、创新教学方式,为学生提供时代化、先进化的教学环境及教学体验。信息技术的发展为教育改革提供了稳定的技术支持,其多元化、多样性的特点在整合教学内容、优化教学方法上具有突出效果。线上线下融合式教学模式便是在这种形势下应运而生的一种教学措施,既有基于线上平台的拓展式自主学习,又有教师在线下教学进行针对性辅导,实现网络平台与传统课堂的协调统一,使得学生的整个学习过程兼具实效性与自主性。本文探究了线上线下融合式教学模式在高中生物学教学中的实践应用。

**【关键词】** 高中生物学　教育信息化　线上线下融合式教学模式

## 一、问题提出

在网络大环境下,教育行业积极运用网络技术优化和创新现有教学方式,为学生提供与时代相适应的先进的教学环境及教学体验。信息技术的发展为教育改革提供了稳定的技术支持,其多元化、多样性的特点在整合教学内容、优化教学方法上具有突出效果。线上线下融合式教学是近年来逐渐发展起来的新的教学模式,结合了线上教学和线下教学的优点,弥补了各自的缺点。本项目主要研究了线上平台与线下教学相融合的教学模式在高中生物学教学中的应用,通过对线上线下融合教学模式的研究,探索出"有性生殖中的遗传信息传递"线上教学中的具体教学策略:首先,课前根据学生情况进行线上教学资料的准备与制作,通过 QQ 平台发送给学生进行课前预习,然后利用问卷星准备预习问卷检测学生预习情况,根据学生预习情况制定线下教学重难点,设计教学活动,课后对教学效果再进行问卷调查与评价,对于难以理解的问题,学生可以反复观看之前发送的线上教学资源,或者教师利用腾讯会议进行线上集中答疑。在这种线上线下融合式教学模式下,学生可以在超出课堂和学校的范围进行开放的自主的学习,不限时间、地点、内容,更好实现学生的个性化学习。同时也为学生提供更多的教学资源和教学活动,提高学生学习兴趣和效率。网络平台具有内容丰富、互动形式较多、碎片化学习时间充裕的特点,便于学生的自主学习;构建线上线下融合教学模式,能够促进高中生物学教育教学优质高效的发展,使高中生物学教学更加信息化、智能化和立体化。

## 二、线上线下融合式教学设计

### (一) 线上教学资料的制作与组织

相较于传统教学模式来说,线上教学依托资源丰富的网络平台,具有共享性、便捷性的特点,学生在网络平台中接收教师发送的微课、教学视频、多媒体课件等学习资源,也可以在自主学习过程中随时查阅相关资料,获取更多关于学科知识的学习资源,补足传统课堂教学中素材局限的不足。构建线上线下融合式教学模式时,需要优先进行教学资料的制作与组织。教师要根据教学规划和课程目标进行教案设计,然后结合教材内容与网络资料制作教学视频,上传到特定平台中让学生进行共享式学习。本课题研究通过线上平台和线下教学相结合,形成"课前线上预习＋课堂线下互动＋课后线上测试反馈"的教学流程。

在高中生物学课程教学中,教师在制作与组织教学材料时可采用以下几种方式:其一,运用 Flash 动画手段演示高中生物学现象,使学生借助直观演示的视频资料,更清晰地了解生物现象的形成与发展过程。考虑到学生具象思维突出的特点,以动画演示作为教学资料可以胜过语言讲解,更能适应学生的理解能力。其二,利用仿真技术和虚拟实验,进行线上实验辅助学生的理解与应用。高中生物学教学内容本就难以用动手操作的实验来展示,而仿真技术和虚拟实验可以使整个实验过程更加科学规范,便于学生的内化理解与迁移应用。其三,充分应用网络平台的交互性,在教学过程中采用互动提问式的网络习题,可以在吸引学生注意力的同时减少知识学习过程的单调性。

### (二) 线下教学活动的设置与组织

通常来说,在线上线下融合式教学模式中,线上教学是新授课预习的媒介,线下教学则是对线上学习的检测与补充。因线上学习主要依靠学生的自主性，容易出现学生听课不专心、测试不认真完成的现象，而线下学习则有着更强的纪律性，在讲解重难点问题时可以取得更好的成效。线下教学应对传统教学模式进行创新，既要包含传统教学中的知识串讲与重难点探讨，又要凸显学生的主体地位，注重培养他们生成性学习能力，使得线上线下教学能够很好地衔接起来。

线上线下融合教学模式的主要流程为：课前准确、课前预习、课堂讲授与研讨、课后巩固提升。在高中生物学课程的线下教学中，首先要在课堂中预习，归纳整合学生遇到的共性问题，并引导学生通过小组讨论的方式解决这些疑难问题，教师则需要根据学生的小组讨论情况，进行疑难问题的集中讲解，构建以师生互动为主要模式的解决问题教学策略。其次，为了使学生进一步理解课程知识的迁移应用，线上组织课后小试环节，促使学生进行拓展探究与知识总结，随后根据学生的测试结果，对他们产生的真实问题进行加强讲解。最后，教师引导学生建立高中生物学课程知识的思维导图，以可视化的图示帮助学生梳理知识构建框架，由此加深他们对知识的系统化掌握，进而实现知识升华。

### 三、线上线下融合式教学模式的构建策略

#### （一）构建线下教学与网络平台的融合体

##### 1. 网络平台的选择原则

在"互联网＋教育"的迅速发展中，以信息化手段为媒介的教学平台成为教育改革的新趋势。因其具有资源丰富、数字化手段新颖等优势，也愈加受到教育工作者的喜爱。在疫情防控背景下，线上学习成为居家授课的主要方式，这使得网络教学平台被开发出来，旨在为线上教学提供更多便利。基于线上线下融合教学的网络平台具有可操作性强、功能全面、资源丰富的特点，其以充足的资源库和可交互的共享平台来优化学生的线上学习体验。本课题中选择的"腾讯会议、QQ、问卷星"三个平台，具有屏幕共享、画质清晰、聊天互动、自行下载资料、邀请学生、在线考试等功能，方便下载且易于操作。

##### 2. 授课软件的选择原则

专家学者将现代信息技术对线上线下教学的重大影响做了研究，他们认为高校教师应该大力利用现代信息技术与各种学习平台，充分发挥教育 APP 与

网络通讯设备的作用,凸显信息化工具的教育教学作用。授课软件是满足线上教学需求的主要载体,应具有远程办公、线上教育、视频会议等功能,教师要分析各类授课软件的特点,根据学生的适应性选择相应的授课软件,如腾讯会议、QQ群、微信群、钉钉这类软件都具有功能全面、适用性广的特点。在高中生物学课程的授课软件选择中,一是体现出教学资源的可视化,能够提高学生的线上学习兴趣;二是要注重互动功能的多样性,能够实现师生互动与生生交流。

3. 线下教学与网络平台的融合方式

线上线下融合教学通常为教师提供线上预习资料,然后在线下进行新授课讲解,课下进行共性问题的探究讲解与课后复习巩固,由此来组成一个完成的教学过程,并确保教师关注学生在课前预习、课中探究、课后复习各个环节的学习进度。首先,在课前设计中,教师应根据课程内容和学生能力水平,选择合适时长的视频资料,既要保证知识连贯,又要完整介绍本课重点。其次,在线下探究性学习活动中,教师要结合学生的预习情况调整教学内容,围绕学生在自主学习过程中产生的真实问题展开疑难讲授,帮助学生纠正错误、脱离误区,形成生成性学习能力。最后,课后作业可采用线上作答与线下检查相结合的方式,并借助网络平台帮助学生答疑解惑,提高课后服务质量。

## (二) 构建融合式教学活动

融合式教学活动由线上线下两部分组成,线上教学活动体现出教师的教学设计能力与学生的自学能力,线下教学活动则展现出教师的课堂控制能力与学生的探究学习能力。在线上线下融合式教学模式之下,教师不仅要做好网络平台的选择与应用,更要将线上平台与线下教学有机结合。在融合式教学活动的设计中,教师要重视网络教学资源的开发与运用,也要关注师生互动、情境探究、写作学习等教学活动的合理介入,还要注重对线上线下融合教学的评价与反思,确保教学流程完整,教学效果优质。

## 四、线上线下融合式教学模式的高中生物学案例分析

"有性生殖中的遗传信息传递"是高中生物学教材必修2第二章内容,涉及减数分裂、遗传定律和伴性遗传相关内容,是高中生物学中的重点和难点内容。本课知识方面要求学生理解减数分裂、遗传、伴性遗传等概念,要能运用细胞减数分裂模型,阐明遗传信息在有性生殖中的传递规律,培养学生的科学思维和

生命观念。

在线上教学中,教师利用 QQ、问卷星等网络平台,完成"课前线上预习＋课堂线下互动＋课后线上测试反馈"一系列教学活动。首先课前利用 QQ 软件给学生发布课前复习和预习视频、资料等,例如在减数分裂这一节,课前先发送给学生有丝分裂复习的资料,以及同源染色体、减数分裂过程等相关预习视频,学生课前先进行复习和预习,然后完成问卷星的预习检测,教师根据预习结果来设置教学重难点和教学活动,由于课前对有丝分裂和减数分裂进行了复习,为本节减数分裂的教学打好了基础,学生能更好地接受和理解减数分裂过程中染色体的行为变化,教师也能更好地开展过程排序、分析和讲解等活动。课后再利用问卷星等平台进行线上测试反馈,检测学生学习效果,针对学生的问题进行答疑,学生也可以根据自己的问题观看课前发布的预习视频和资料。对于线上平台发布的视频资料等,学生可以反复观看学习,打破了时间和空间的限制,极具个性化;线下课堂教学活动主要为师生研讨问题、探究拓展问题、重难点知识的分析讨论等,线上线下相结合更好地提高了学生学习的效率,实现了个性化教学。教师在完成本章教学后,将"遗传的物质基础""遗传的基本规律""伴性遗传""细胞分裂"等内容进行串联复习,帮助学生构建知识网络结构。

"有性生殖中的遗传信息传递"这一章节的内容是自然界中普遍存在的,其中减数分裂、遗传定律内容之间既相对独立,又存在着内在的联系。但无论是减数分裂还是遗传定律,都是学生学习和理解的难点。构建线上线下融合教学模式,可以依托交互性强、资源丰富的网络平台,突破时空的限制,并优化线下课堂教学,促进线上下教学的优势互补。

## 五、结语

总而言之,信息技术驱动了教学模式的创新改革,在网络教学平台愈加丰富的现状下,构建线上线下融合式教学模式成为教育改革新趋势,基于"腾讯会议＋QQ＋问卷星"等平台的线上线下教学使得教学活动的开展更具便捷性,并且具有课程资源丰富、教学手段多样、便于师生互动等特点,线下教学与线上平台自主学习的融合,可以弥补单项教学模式的不足,从而达到显著提升教学效果的目的。在设定教学平台的基础上,要从教学资源、教学活动、教学评价三个维度展开教学研究,切实发挥线上教学模式与线下传统教学模式的优势,探索出适合高中生物学教学的新途径。

**参考文献**

[1] 乔爱玲,杨萍.知识分类视角下线上线下融合教学模式研究[J].中小学信息技术教育,2020(9):36-38.

[2] 张荣京,郝刚.提高生命科学教育教学质量的改革措施与实践[J].教育教学论坛,2020(34):217-218.

[3] 徐全乐,李科友,张新梅,陈鹏,张劲,罗鑫娟,韩兆雪.开启生命科学的大门——新形势下生物化学绪论教学的实践与探索[J].生命的化学,2020,40(8):1458-1463.

[4] 黄凤兰,李国瑞,狄建军,罗蕊.浅谈"现代生命科学进展"研究生课程教学[J].科教导刊(中旬刊),2020(14):118-119.

# 信息化视角下高中生物学教学方法解析

中原中学 金意敏

**【摘要】** 当代信息技术的突飞猛进,使我们生活的方方面面都发生了改变。信息技术与教学的全新融合,也使得教学模式得到极大改变,教学质量得到极大提高。在高中生物学教学中,如何应用好信息技术、基于信息化拓展新的生物学教学方法、利用信息技术提升学生综合实力与生物素养,是需要重点研究的问题。

**【关键词】** 信息化 高中生物 教学方法

在信息技术时代的背景下,将先进技术引入教学是课程改革的要求,也是课程教育发展的必然趋势。恰当地引进信息技术,不仅能提高教学效率、改善教学环境、提高教学质量,更能使学生对基础学科的学习产生新的兴趣,有助于开阔学生的知识面、拓宽学生的思维、提升学生学习生物的自主能动性。基于这些优势,笔者结合自身经验,为大家分享信息化视角下高中生物学教学的几点方法。

## 一、生物学教学信息化中存在的问题

任何事物在投入应用的过程中都会产生相应问题,在研究一件事物的使用方法时,应先分析清楚其中存在的问题,以便在之后的研究和使用中避免错误的发生,信息技术在生物学教学中的使用同样如此。

### (一)过度关注课件制作

教师在将图片、声音、视频、动画等多媒体元素丰富的课件投入教学时,因考虑到要展现出形象直观的生物动态知识和生物学科色彩,往往会使一些重点内容淹没在这些五花八门的演示中,学生只对具备动感和新鲜的内容感兴趣,而忽视了知识的摄取,忽略了重点难点。

### (二) 信息化教学使用泛滥

信息化教学只是教学工具,并不能成为教学主体,因此不能节节课使用、分分钟使用。在课堂教学中,还是要通过老师的讲解来吸引学生的注意,增加师生间互动交流,坚持学生在课堂当中的主体地位,避免将具备交流性、互动性的课程变成播放视频课件的观影课。

### (三) 缺少学生的信息反馈

课本教材力求精简,其中一个目的便是要引导学生独立思考,鼓励他们自己去拓展学科知识,发现问题并解决问题。在引入信息技术后,可能会导致学生因大量的课外知识的输入而失去思考的机会,造成知识点的大量堆砌,使学生"消化"不良,教学也得不到正向反馈。

## 二、信息技术在生物学教学中的有效利用途径

接下来重点探讨信息技术在生物学教学中的有效应用途径,致力于发挥信息技术的良好作用,为课堂教学带来便利,为学生生物学习带来帮助。

### (一) 拓展学习路径

传统生物学教学因受到应试考试的压力,学生对于知识的理解和题型的掌握都过度依靠死记硬背,使生物学科失去了本身的趣味,使学生对生物的学习失去了弹性,进而难以产生自己的思考,难以养成良好的生物学思维。将信息技术融入生物教学,正好能弥补这一缺失。学生可以通过百度查询,微信、QQ等软件的交流分享,贴吧、微博等平台的实时互动,不受时间、地点、人群等因素限制,更方便地获取生物知识,探讨生物问题,从而全面拓宽学习路径,打开视野和思维,使得生物学习变得生动灵活,提高了学生的学习兴趣。这就要求教师善加引导,让学生能够在合理的范围内去拓宽知识面。例如,在"细胞通过分解有机分子获取能量"教学前,先建好学生和家长的微信群,群内设置公告,要求学生预先研究有氧呼吸、无氧呼吸的过程,总结细胞呼吸的内涵,分析在细胞呼吸的过程中产生的物质能量变换,研究影响细胞呼吸的各种因素。学生看到公告,在家长的监督下,纷纷打开网络开始查找相关信息,并与同学们在微信群内展开了交流,互相论述自己的观点,共同讨论细胞呼吸的相关问题。在这一过程中,学生很好地预习了学科知识,知识面得到极大扩充,学生的思维能力和

自主解决问题的能力也得到了提高,为高效展开相关生物学教学奠定了优良基础。

### (二) 拓展教学内容

教材作为教学的凭据,在提供教学参考的同时,也很容易使教学内容受到限制。而目前的教学环境,需要拓宽学生的思维,扩展教学的内容。很显然,单一的教材并不能满足当下教育的要求。因此,在教学中引入信息技术,对教学内容进行扩充,是引导学生深入探究生物学科的办法。例如,在讲授"有性生殖中遗传信息通过配子传递给子代"这一章节时,教师在讲完减数分裂过程后,为了检测学生对于减数分裂产生配子的掌握程度,可以让学生利用身边材料模拟减数分裂的过程,并拍成视频进行展示。教师结合全班同学展示的视频,直观展示减数分裂产生的配子的多样性,再引导学生去研究配子的多样性产生的原因,强化学生的理解,拓宽学生的思维,实现信息技术与生物教学的完美对接。

### (三) 展示生物学实验

课程改革要求加强了对生物学科实验教学的重视,要求教师重视知识的实践性,引导学生深入了解生物学原理,培养学生的实验思维。但是在实际教学中,有一些实验实现起来却存在困难。因此,引入信息技术,能很好地解决这一问题。例如,在研究"DNA 的复制"时,由于相关条件问题,学校实验室不能满足学生的观察与实验要求,因此,在研究的过程中,便需要借助信息技术,通过视频结合讲解的方式,将整个实验过程表现出来。让学生清楚地看到 DNA 完整的复制过程,深刻地了解信息的遗传和表达,认识生物体遗传本质。在"模拟植物花色性状分离"实验中,可以利用模拟基因分离计算机程序,模拟等位基因分离及配子结合的过程,直观展示等位基因的分离,帮助学生理解性状分离是由等位基因分离引起的,理解分离定律的实质。

## 三、生物学教学和信息化教学方法的结合应用

### (一) 导学案教学法

导学案教学方法要求教师结合教材,对学习要求、研究问题给予相关拟定和预设,在教学目标要求和内容设置上制作教学方案。在教学过程中,应引导学生自主学习、主动学习、合作学习、积极参与研究、全面优化学习和素质发展。在结合信息化教学应用时,应立足于引导性教学活动的使用,以提升学生理解

问题、解决问题的能力,全面提升学生自主学习能力。在导学案应用中,首先,教师在开展教学之前要给学生发放相关教学内容,让学生通过一些具体问题预设,借助互联网去查阅资料,对将要所授内容有整体的认识和了解,并完成预习学案,准备在课堂上演示。其次,学生在完成自主学习的活动后,小组之间进行讨论,总结各自经验,发现各自不足,以解决各自问题。最后,要求小组根据讨论的内容进行展示,在展示的过程中,其他小组成员可以随时提出问题,展开小组之间的沟通。

### (二) 网络教学法

网络教学法主要借助网络平台进行互动教学。网络教学法要求教师在展开工作之前,对教学内容和教学环境进行全方面把控,以促进网络教学顺利开展。借助网络进行的教学可以摆脱环境和条件的束缚,使得学生能随时与教师产生互动与沟通,不仅能使学生的课余时间和漫长假期得到合理应用,也可以更好地配合教学,使得生物学习更加高效、自由。例如利用腾讯会议进行在线网络教学,比如利用腾讯会议的共享屏幕功能展示课件;利用签到功能进行点名;利用语音功能直接让学生开麦回答问题,并且允许小组交流讨论问题,使线上教学顺利进行。还可以利用 QQ 群作业功能,收作业、批改作业、展示优秀作业。

### (三) 微课教学法

微课教学方法主要针对的是课程内容中的重点难点内容,将重点难点内容整合起来,力求短小精悍,让学生在相对短的时间内集中精力去突破课程重点难点,做好预习、复习、知识点学习等功课。微课的短小特性,能够很好地锻炼学生的注意力、集中力,帮助学生构建清晰的知识网络和知识系统。如在"光合作用"的课程设计中,教师可以借助微课的形式,帮助学生总结光合作用光反应、碳反应的过程,将相关知识结合到视频教学中,使学生对课程内容有新的认识,对光合作用的过程有全面的梳理和记忆。

总的来说,信息技术发展至今,已深入到人类生活和学习的方方面面。将信息技术和高中生物教学有效结合,运用新的教学方法和教学思路,不仅可以引导学生对生物知识的全面把握,更能促进学生的协作能力、探索能力、自主学习能力,促进学生素质与能力的全面提升,提高生物教学的有效性。

**参考文献**

［1］梁坚连.如何构建新课程背景下高中生物高效课堂［J］.课程教育研究，2017(2)：158－159.

［2］何志新.高中生物如何在教学过程中体现高效课堂［J］.经贸实践，2016(21)：271.

［3］梁艳.运用学案构建高中生物高效课堂的策略研究［D］.贵州师范大学,2016.

# 基于情境教学的问题驱动式教学设计

## ——以"光合作用及其影响因素"为例

上海交通大学附属中学闵行分校　谢玖清

**【摘要】** 以"光合作用及其影响因素"为例,设计高中生命科学教学,以生产实践中如何提升圣女果的产量问题设置教学情境,主要采用问题驱动式教学策略,引导学生搭建模型,掌握光合作用原理及过程,主动探究和分析影响光合作用的因素,探讨解决情境中的实际问题,提升科学思维和科学探究能力,落实生物学核心素养。

**【关键词】** 情境教学　问题驱动　光合作用　生产实践　核心素养

落实生物学学科核心素养是当代生物学课程改革的方向,《普通高中生物学课程标准(2017 版 2020 年修订)》中明确提出生物学学科核心素养包括生命观念、科学思维、科学探究和社会责任四个层面[1]。"情境教学"与灌输式教学模式的不同之处在于,通过创设与教学内容有关的真实事件或问题情境,充分调动学生学习的积极性,促进学生的深度学习和核心素养的形成。因此,笔者联系生活实践,从圣女果种植过程中的光合作用和产量问题入手,进行基于情境教学的问题驱动式教学设计。

## 一、教材分析和设计思路

《光合作用》是沪科版高中生命科学第一册第四章第二节内容,本节内容包括光合作用的研究历史、叶绿体及色素、光合作用的过程、影响光合作用的因素,实验包括叶绿体色素的提取和分离、探究影响光合作用的因素。其中,光合作用的过程是本节内容的重点,而在掌握光合作用原理和过程的基础上,探究不同情境中影响光合作用的因素,运用知识解释、解决生产实践中遇到的作物光合作用和产量相关问题,是本节的重点和难点。

在本节课中,通过设置教学情境,让学生投入情境,处于积极求索的学习状态,再以问题为导向,引导学生主动利用所学知识解决问题,培养学生的生命观念、科学思维、科学探究、社会责任。

## 二、教学目标

(1)通过模型搭建,掌握光合作用的反应场所、条件、过程。

(2)通过阅读文献、分析曲线,探究影响植物光合作用速率的因素,建构科学思维和科学探究能力。

(3)理解各因素如何影响植物光合作用及其产量,认识科学技术与社会生活、生产、发展之间的关联,培养社会责任感。

## 三、教学过程

### (一)问题提出,情境创设

展示枝繁叶茂、硕果累累的圣女果植株图片和老师自己种植的叶片稀疏、果实零星的圣女果植株图片,两张图形成鲜明对比,提出问题:为什么自己种植的圣女果生长状况堪忧且结实率极低? 这与植物的哪项生理活动有关? 影响圣女果产量的因素有哪些? 学生回答:光合作用,并能指出影响光合作用的因素有光照、温度、二氧化碳浓度等。

设计意图:通过展示老师在生活实践中遇到的圣女果种植的问题,联系实际引起学生共情,设置问题情境,激发学生学习兴趣,引入教学内容。

### (二)问题引领,模型构建

设置由浅入深的链式问题,引导学生主动构建并掌握光合作用的反应场所、条件、过程等必备知识:①植物光合作用的器官和场所在哪里? ②叶绿体的结构有何特点? ③类囊体上有哪些色素,不同色素有何功能? ④光合作用的过程分为几个阶段? 场所在哪里? 以点对点、点对面的形式请学生回答问题,并请学生根据黑板上的已有信息,搭建光合作用过程的模型(见图1)。

设计意图:通过回答问题并主动建构光合作用过程模型,厘清光合作用的反应场所和条件,分析光合作用光反应与暗反应过程中物质与能量的联系,并请学生写出光合作用的总反应式,总结光合作用的实质是将光能转化为活跃的化学能储存在有机物中,帮助学生形成结构与功能相适应、物质与能量相联系

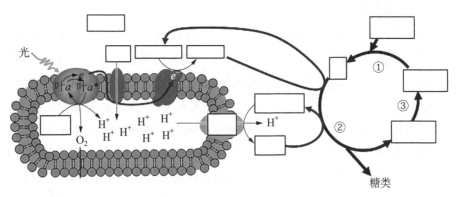

图1 光合作用过程模型搭建

的生命观念。

### (三) 回归情境,文献分析

教师给出文献《海南圣女果高产种植技术》中对圣女果生长和产量影响因素的描述:"圣女果品种的选择将直接对植株的生长状况以及果实质量产生影响,需根据当地气候、土壤、光照等方面的情况合理选择圣女果品种。圣女果喜光,当遇连续阴天或是种植区域光照强度不足时,易发生落花现象;白天最佳生长温度是 $20\sim28℃$;圣女果植株的需水量较大,坐果后要求土壤维持湿润状态;植株喜钾肥,土壤中有机肥含量丰富则长势较好。"[2]请学生结合材料对影响圣女果光合作用的因素进行补充、分类、归纳。学生小组讨论,老师总结,得出如下结论(见图2)。

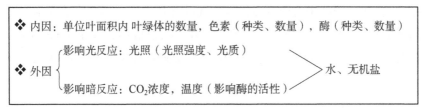

图2 影响圣女果植株光合作用的因素

**设计意图:**在学生最近发展区的基础之上,引导学生阅读相关文献,从内因和外因两个维度,进一步分析、归纳影响植物光合作用光反应和暗反应的因素。同时也培养学生在遇到问题时,运用科学方法查阅文献解决困惑的意识,以及对文献内容进行分析、推理、归纳的科学思维和能力。

### （四）深入探究，曲线分析

在归纳出影响圣女果植株光合作用因素的基础之上，教师展示不同因素影响光合作用速率的曲线（见图3），以问题驱动的方式继续引导学生分析不同影响因素下，光合作用速率的变化趋势和原因：①用语言描述图中四种影响因素下，光合作用速率的变化曲线。②在光照强度和 $CO_2$ 浓度对光合作用速率影响的曲线中，影响0点、A点光合作用速率的因素一样吗？如何提高A点以后的光合作用速率？③在温度对光合作用速率影响的曲线中，低温和高温抑制光合作用的原理和原因是什么？④在无机盐含量对光合作用速率影响的曲线中，无机盐含量过低或过高都会抑制光合作用的原因是什么？⑤综上，你能提出哪些有利于提升圣女果植株光合作用的建议？

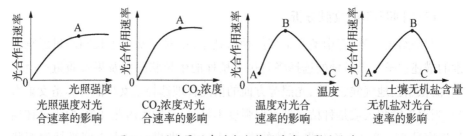

图3　不同外界因素对光合作用速率的影响曲线

课本实验指出，可以利用传感器测量 $O_2$ 的释放速率或 $CO_2$ 的吸收速率来反映光合作用速率，因此，教师通过播放动画和视频，以光照强度为变量，引导学生构建出真实情境中光照强度影响光合作用速率的曲线（见图4）。请学生在黑板上搭建出曲线中对应各点线粒体和叶绿体中的气体进出情况示意图，厘清植物的总光合速率、净光合速率、呼吸作用三者之间的联系，分析比较植物在不同光照强度下积累有机物的情况，为提高圣女果产量提供理论依据（见表1）。

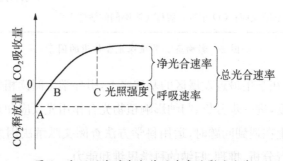

图4　光照强度对光合作用速率的影响曲线

表1　不同光照强度下植物积累有机物的比较分析

| 光照强度 | A 点 | AB 段 | B 点 | B 点之后 |
|---|---|---|---|---|
| 叶绿体、线粒体中气体进出示意图 | | | | |
| 生理过程 | 仅呼吸作用 | 呼吸作用＞光合作用 | 呼吸作用＝光合作用 | 呼吸作用＜光合作用 |
| 有机物消耗/有机物积累 | 消耗有机物 | 消耗有机物 | 不消耗也不积累有机物 | 积累有机物 |

**设计意图：**学生经过小组合作讨论后回答问题，在与生活实践息息相关的情境中，通过对相关曲线的分析，掌握数学模型解读方法。鼓励学生以小组合作探究的方式，提出不同的提升植物光合作用速率的建议，可以结合已有知识进行拓展和延伸。最终每个小组提出的方案都可圈可点，如将植株搬到户外适当提升光照强度、夜间补光延长光照时间、改变光质，经常通风、适当施加农家肥、白天适当提高温度、合理灌溉等。通过用生物学专业语言表达观点，提升学生分析和解决问题的科学思维与能力。

**（五）拓展延伸，应用实践**

教师给出延伸材料：新疆是我国著名的"瓜果之乡"，瓜果种类繁多，糖分高，甜度和品质比其他地区都更好。主要原因是新疆具有得天独厚的水土光热资源，日照强度大，时间长，昼夜温差大，对水果品质和产量提高十分有利。提问：试分析新疆瓜果甜度高、品质好的原因。学生小组讨论，得出结论：新疆日照强度大，时间长，有利于促进光合作用光反应。白天温度高，有利于提升光合作用相关酶的活性，从而提升光合速率，制造更多有机物；夜间温度低，抑制呼吸作用相关酶的活性，减少植物夜间呼吸作用对有机物的消耗，从而使糖类等有机物的含量更高，因此水果甜度高，品质好。

新疆得天独厚的自然环境有利于植物进行光合作用，积累有机物，提高蔬菜水果等农作物的产量。在"植物工厂"中，我们可以通过特定的设备改变外界环境条件,以达到促进圣女果植株光合作用、提高圣女果产量的目的,我们可以在"植物工厂"中增设哪些设备或采取哪些措施来提高圣女果的产量? 学生经过小组讨论回答出:可以增设补光灯、$CO_2$ 发生器、风扇、喷淋装置等设备;可以采取提高昼夜温差,促进有机物积累、减少有机物消耗等措施提高圣女果的产量。教师进一步补充在种植过程中还可以采用轮作的方式,提高土地的有效利用面积,合理充分利用土壤中的营养成分,以提高植物产量。

**设计意图:**由于总光合、净光合、呼吸作用三者之间的关系是学生容易混淆的难点,因此通过动画演示和学生搭建叶绿体、线粒体之间气体进出示意图,帮助学生深入理解相关概念,从而理解植物积累有机物的条件。综合考虑环境因素对光合作用的影响,主动探究提升农作物产量的关键方法,提高在特定的情境中应用生物学理论知识分析、解决问题的能力,体验研究光合作用机理在提升农作物产量中的意义,培养社会责任感。

## 四、教学反思

在本次教学过程中,利用生活实践中的素材和情境开展生物学教与学,主要采用了问题串驱动的教学方法,整节课以学生为中心,紧扣教学目标设计教学各个环节,有利于学生构建知识网络,促进其思维发展。对于光合作用这一节的重难点部分,通过设计搭建模型引导学生自主构建光合作用的过程;通过多媒体动画演绎、分析影响光合作用因素的曲线模型,帮助同学们理解光合作用的本质和影响因素,培养学生的分析、归纳问题的能力和科学探究能力。根据生活生产中的真实案例,剖析提高农作物产量的方法,学以致用,激发学生在生活实践中保持科学探究的热情,促进学生形成生命观念、科学思维习惯和科学探究能力,提升其社会责任意识,最终落实高中生物核心素养。

**参考文献**

[1] 中华人民共和国教育部.普通高中生物学课程标准(2017 年版 2020 年修订)[M].北京:人民教育出版社,2020.

[2] 吴涛.海南圣女果高产栽培技术[J].特种经济动植物,2020,23(12):2.

# 关注情境，以游戏活动为主线开展教学设计

## ——以"传染病的预防"一课的教学为例

杨浦初级中学　王淑馨

**【摘要】** 在"传染病的预防"的教学中，以"徽章交换游戏"活动为主线，引导学生运用科学的思维逐步归纳总结出传染病的危害，认识到传染病预防的重要性，并从真实的情境出发去发现问题、解决问题，培养学生在生命科学学科中应具备的核心素养。

**【关键词】** 传染病　预防　教学设计　核心素养　情境

### 一、教材分析及设计思路

本课内容位于《生命科学》（第一册）第三章第二节，属于初中生命科学"健康"主题，是本章节认识健康内容的深入和补充，也是本章节的重点。课标学习水平要求为 B 级。

新课标中"态度责任"是生物学学科的核心素养之一。在初中学段中，主要体现在逐步养成健康的生活方式和良好的行为习惯[1]。情境教学是将所学知识与现实生产、生活相关联，旨在充分调动学生主动性，激发学生思考，解决真实问题的教学形式。"传染病的预防"的教学是在上一课时学生学习了一些常见的传染病的基础上，将预防传染病的真实情境设计到活动主线"徽章交换游戏"中，通过游戏模拟的结果、真实数据的对比等过程，引导学生运用科学的思维逐步归纳总结出传染病的危害，从而认识到传染病预防的重要性，并学会用科学的方法去预防传染病。

### 二、教学目标

基于课程标准的内容要求、学业要求和学业质量标准，并围绕培养学生核

215

心素养的要求,制订了如下教学目标:

(1)通过两次徽章交换游戏,体会传染病流行的特点以及传染病预防的重要性。

(2)通过对不同传染病三个环节的梳理,知道不同传染病需要不同的预防措施。

(3)结合生活情境感悟传染病预防人人有责,养成主动承担社会责任的意识。

## 三、教学过程

### (一)游戏导入

在学生不知情的情况下模拟某种接触传播的传染病扩散的游戏,在游戏中认识传染病传播的特点:①在课前,教师随机在几个手套上涂抹上荧光墨水来模拟某传染病的病原体。上课时,学生在毫不知情的情况下进行了游戏:根据要求左手戴手套,与同伴握手并交换徽章。游戏结束后,请学生用紫光电筒检查手套上是否出现了荧光现象并进行数据的记录,发现几乎所有的学生都接触到了荧光液。②教师揭晓游戏的目的,并进一步展示日本媒体做的类似模拟实验,请学生结合自身的游戏和日本模拟实验的数据比较,思考传染病传播有什么特点。③教师出示"全球重大灾难死亡人数统计图"(见图1),请学生找出哪

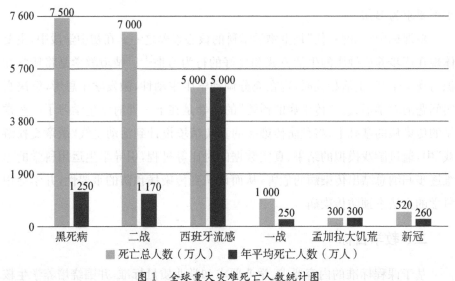

图1　全球重大灾难死亡人数统计图

些是传染病，比较传染病和其他灾难的死亡总人数和年平均死亡人数，思考传染病传播还有什么特点。

**设计意图**：通过游戏引入新课，激发学生对本节课的学习兴趣。在此基础上，比较日本的模拟实验和"全球重大灾难死亡人数统计图"的数据，请学生归纳总结传染病的特点，使学生能够体会到传染病传播面广、危害极大等特点，从而意识到预防传染病十分重要。

**（二）教学过程**

在了解传染病流行的基本环节的基础上，通过游戏进一步学习传染病预防的具体措施。

**1. 梳理几种典型的传染病流行的基本环节**

在游戏过程中，教师帮助学生将传染病流行的三个基本环节进行归纳，并引导学生以小组为单位，认真阅读书本中关于水痘、新冠肺炎、艾滋病、肺结核四种传染病的相关内容，梳理这些传染病的基本环节。

学生经过讨论后，总结这些传染病流行的三个基本环节（见表1）：

表1　水痘、新冠肺炎、艾滋病、结核病的三个基本环节

| 传染病 | 传染源 | 传播途径 | 易感人群 |
|--------|--------|----------|----------|
| 水痘 | 水痘患者 | 接触传播或飞沫传播 | 儿童及少年、免疫能力低的人…… |
| 新冠肺炎 | 新冠肺炎确诊病人、无症状感染者 | 呼吸道传播 | 未接种新冠疫苗的人、新冠病人密切接触者、免疫能力低的人…… |
| 艾滋病 | 艾滋病患者 | 血液传播、母婴传播、性接触 | 吸毒人员、性生活混乱者、母亲为艾滋病人的婴儿…… |
| 肺结核 | 肺结核病人 | 呼吸道传播 | 免疫力较低的人、不注意个人卫生的人…… |

教师根据归纳的内容提问：针对这些不同的传染病，预防措施相同吗？学生经过讨论后认为，不同传染病流行的三个基本环节也是不同的。教师进一步提问：采取预防措施时我们应如何入手？学生指出需要全面了解这些传染病的三个基本环节，采取相应措施才能有效预防传染病。

**设计意图**：通过对不同传染病的基本环节进行梳理，学生们意识到不同传染病的三个基本环节中的传染源和易感人群也不同。预防不同的传染病，要对

该病有一个全面的认知。

2. 通过游戏认识预防水痘的措施

教师根据学生梳理出的水痘的流行基本环节,紧接着提问:水痘是发生在校园中常见的一种传染病,预防水痘的具体措施有哪些呢?教师在第一次游戏的基础上,提供更多的游戏材料,通过新的游戏规则(见图2)引导学生以水痘为例,模拟水痘的传染构成,开展第二次徽章交换游戏。

任务:交换徽章、防止水痘流行

材料:徽章、手套、紫光灯、酒精湿巾、备用手套

要求:各组根据给定材料制定游戏方案,完成任务

图2　新的游戏规则

学生经过讨论,制定活动方案后开展游戏。方案主要包括:在握手交换前先进行紫光电筒照射,确定对方手套上不含有荧光墨水;在交换活动前用酒精湿巾将双手进行充分的擦拭消毒,避免手部残留荧光墨水;多戴一层手套作为保护,完成一次徽章交换后及时更换手套……游戏结束后,将两次游戏的数据进行比较,发现接触到荧光墨水的学生数大大降低,可见预防措施十分有效。随后,教师继续引导学生回顾与反思活动中的优、缺点,讨论游戏中的具体措施分别对应的是三个基本环节中的哪一个环节,使得学生充分理解有针对性的措施才能起到预防作用。

**设计意图**:将学生熟悉的水痘为例,通过模拟预防水痘流行的游戏,让学生在活动中充分认识到传染病预防的重要性,并能将所学知识应用到生活中去。

**(三)通过游戏活动模拟新冠传播途径,认同我国抗疫的措施**

针对全球蔓延的新冠肺炎传染病,各国应对的措施大相径庭。教师提问:将水痘的预防措施与我国预防新冠的措施进行类比,有何相似点?学生通过讨论后发现,用紫光电筒找荧光现象类似于做核酸、多带一层手套类似于戴口罩、用湿纸巾类似于酒精消毒等。教师进一步出示中美新冠确诊与死亡人数比较数据图,向学生提问是否认同我国的预防措施,预防新冠是否有必要,为什么?学生通过数据的比较可以发现我国的新冠确诊病例等各项数据远远低于美国,中国的疫情防控工作远远优于美国,我国的防疫措施是非常有效的,预防新冠

十分有必要。

**设计意图：**将学生熟悉的预防新冠肺炎的措施与游戏进行类比，将所学知识带入到身边真实的情境中，使得学生深刻意识到运用正确的措施对于传染病的预防极为重要。

### （四）小结

教师结合我国新冠肺炎预防工作，引导学生感悟我国抗疫的艰辛，同时请学生思考在防疫的过程中，是否只能依靠医务人员，我们可以做些什么呢？学生通过讨论后认为，防疫要靠每一个人的努力，正确佩戴好口罩、配合完成核酸检测、接种新冠疫苗都是预防新冠的有效做法。

**设计意图：**将所学知识运用到生活中，使学生意识到预防传染病人人有责，增强学生的社会责任感。

## 四、教学反思

本堂课基于上一课时常见传染病的学习，在教学设计上以"徽章交换游戏"为主线，将荧光液模拟为传染病的病原体，通过握手交换徽章的方式，模拟了传染病传播的过程，体现了结合真实情境去解决真实问题的教学方法。其次结合真实数据的对比、归纳总结传染病流行的基本环节等过程，引导学生运用科学的思维逐步归纳总结出传染病的危害与传染病预防的重要性；通过再次游戏去寻找预防传染病的方法，将所学知识运用到生活中，从而使学生真正理解传染病预防的意义。最后围绕目前新冠疫情的防控进一步渗透生命教育，培养学生的社会责任意识。整堂课的教学突破了难、重点，初步达到了预期目标。

**参考文献**

［1］上海市教育委员会教学研究室. 教学与评价的风向标：上海中小学各学科核心素养研究［M］. 2018 年版. 上海：上海科技教育出版社，2019：235.

# 校园情境在义务教育生物学核心素养落实中的应用探究

上海市十五中学　代艳萍

**【摘要】**《义务教育课程方案（2022版）》明确教育要培养社会需要的综合性人才，而人才培养离不开核心素养的根植。《义务教育生物学课程标准（2022版）》明确了生物学核心素养的内涵和要求，今后以发展学生核心素养为导向的教学注定是重中之重。社会人才必须能够在复杂情境中，结合所学分析问题、解决问题。基于此，本案例围绕我校小型人工湿地设施为真实情境，运用情境化策略开展教学与探究活动，探索其在生命科学核心素养落实中的有效应用。

**【关键词】**　校园情境　生命科学　核心素养

当今社会迅猛发展，信息领域已进入5G时代，随之而来的便是对综合性人才、全面发展人才的大量需求，因此教育领域也在不断地进行适应性变革。在新一轮课程改革的背景下，课程标准更加凸显以人为本的原则，课程目标也指向核心素养的发展与培养。核心素养是指学生在受教育的过程中需逐步形成和具备的适应个人终身发展与社会发展的必备品格与关键能力，是学校教育的重要聚焦点和着力点。义务教育阶段的生命科学课程属于自然科学大类，核心素养主要包括四个方面：生命观念、科学思维、探究实践和态度责任。核心素养更加注重在解决实际问题的过程中发展学生的综合能力，为实现这一目标，教师教学时也要采用与此相适应的方法和策略。寓知识于真实情境中，即将知识情境化，将印刷在课本上的死的知识活化，为培养核心素养奠定基础。

对于真实情境的选择，笔者倾向于学生既熟悉又陌生的情境素材。我校于2020年优化了校园环境，新增了5项生态环境硬件设施，其中包括校园小型人工湿地，该湿地运行至今，基本保持相对稳定的状态。校园人工湿地不仅美化了校园,还为师生提供了真实情境,学生对此较为熟悉,但是对于湿地系统的运行原理以及其如何维持相对稳定则较为陌生,这就为生命科学的教学提供了优良的教学资源和情境。因此,充分结合校园人工湿地展开教学,有助于落实相关核心素养导向的教学目标。

## 一、初中生命科学情境化教学策略

### (一)情境化教学的含义与价值

初中生命科学涉及的知识和内容虽然不是非常深奥,但初中生的认知、思维和能力都处于基础发展水平,传统的教学模式会导致知识晦涩难懂、学习过程乏味无趣。所以在新课标的要求下,教师应广泛运用情境化教学策略,在增强课堂趣味性和直观性的同时,促使学生主动参与互动探究学习活动,深化概念和原理的理解,达成相关核心素养目标。

何为知识情境化?如果把情境比作菜肴,那么知识就是各种调味料,这些调味料只有加入到菜肴当中才好入口,而美味的菜肴中也少不了各种调料的提香调味,飘香四溢则会吸引很多人前来品尝。在教学中,教师有意识地结合、引入或创设特定的情境,将知识转化为从该情境中产生和显现出来的一个过程,引导学生积极地参与和体验,从而更直观地、主动地、快乐地理解和掌握相关知识,进一步发现和提出新的问题。把知识还原至情境中,不仅能够增强学生的感知能力、理解能力,还能激发和增强学生的创造力。情境是学生认识自然、社会、他人和自己的桥梁,沟通了生活世界和科学世界;情境也是知识向素养转化的桥梁,沟通了文字符号和客观事物,也沟通了知识和思维。情境化教学,能够大大提升课堂和教学活动的趣味性和直观性,吸引学生主动参与学习和实践,优化学习质量;还能增强师生与生生之间的互动和交流,凸显学生的主体地位,培养和发展自主学习能力,有效落实学科核心素养。

### (二)初中生命科学教学中情境创设的要求

情境创设就是将课程内容和知识与学生的生活、经验、情感以及生命相连接的过程。因此,情境的创设有以下的特质和要求。第一,情境创设要基于生活,拉近学生与学科知识的距离。科学世界要与生活世界紧密结合,也就要求教学情境的创设要回归现实生活。生命科学是一门和生活息息相关的自然科学基础课程,学科相关的知识可谓无处不在。我们可以从学生的日常学习生活中,观察、发现和挖掘身边生活化的情境资源。在这个鲜活的过程中,还能发掘和了解学生已有的知识和经验储备,并在创设情境时加以利用。第二,情境创设要注重直观性和形象性,营造轻松的课堂氛围。生物学科知识本身具有较强的抽象性和概念性,虽然有小学自然和初中科学学习的铺垫,但不少学生还是表示生物知识不易理解。因此我们在教学中,要关注形象思维与抽象思维之间的关系。我们所创设的情境,首先要是学生能够感知且看得见、摸得着的,其次应该是具体的、形象的,这样才能够有效促进学生建立感性认识,并逐渐向理性认识转化。第三,情境创设要体现生命科学的学科特点,紧扣教学内容,突出学习重点。有引导性地让学生关注情境中的主要学科要素与内容,展开相应的讨论与探究学习,有效突破学习重难点。在情境中充分发掘和展现学科自身的魅力,凸显教学情境的特有学科属性。第四,创设的情境要内含问题,渗透问题导学思维。教学情境中的问题能够激起学生的好奇,进而引发思考,锻炼思维能力。问题的提出,是为教学目标的达成服务的,因此,教学目标是设问的依据和方向。此外,要结合实际学情设定问题的难易程度,且设问的形式和表述方式要足够新颖和奇特,以吸引学生,从而保证大部分同学在课堂上能够有效参与思考和讨论,保持思维活跃状态。第五,情境创设要融入情感。教学情境中融入情感能够有效地激发学生的学习动力。生命科学虽然没有语文那般的抒情和意境,但也具有自己独特的科学情感。例如在"常见传染病及其预防"这一课时内容的学习过程中,通过相关情境的创设能让学生认识到遵守相关的防疫要求和规定是每个公民应尽的社会责任,有利于传染病的预防与控制,从而增强学生的社会责任意识。第六,情境创设时,要针对性地考虑实验与实践内容,培养学生科学探究与实践以及小组合作的能力。生命科学是一门以实验为基础的学科,缺乏实验教学是不完整的。因此,在理论学习的基础上,教师也应尽可能多地创设实验情境,为学生提供实践和实验操作机会,一方面有助于掌握实验技能并进一步夯实概念知识,另一方面也能有效提升学生的实践意识,全面落实核心素养,并体现出情境教学的实践价值。

## 二、校园情境在核心素养落实中的实际应用——以我校人工湿地为例

### (一)校园人工湿地建设

我校积极响应国家生态文明教育的号召,建设绿色校园,传播生态知识,弘

扬生态文化,于 2020 年陆续引进了一系列校园生态环境设施。校园人工湿地是一个小型的人工湿地生态系统,依赖于湿地的净水功能,解决了小规模静水景观易出现的水质恶化和生物死亡的问题。沸石、矿物生物质和陶粒三种湿地填料的选择,能够在水流经时吸附杂质;填料池中分别种植了再力花、美人蕉和鸢尾三种湿地植物,用于吸收过多的氮和磷,以防水华发生。还设计了太阳能供电的实时水质监测系统,用于水中藻蓝蛋白、叶绿素、溶解氧和 pH 值的监测,若某一项指标长时间超过阈值,该监测系统便会报警提醒。为进一步凸显美化校园的功能,人工湖中还放养了观赏性鱼苗,种植了荷花和睡莲。从校园人工湿地的整体组成和功能来看,其中包含了生物学、生态学、生物化学、环境科学、工程学等多学科的知识,是优良的教学资源。

**(二) 校园人工湿地在落实核心素养的生命科学课堂中的应用**

以校园人工湿地为代表的这些生态设施设备的建设,打破了教室墙壁的限制,为师生提供了开阔的教和学的空间和资源,也是师生身边再熟悉不过的生活化场景,尤其以生物学和生态学属性最为显著。教师根据教学目标、重难点以及学情等基本信息的分析,灵活地进行教学情境的创设,有助于相关核心素养的落实。此外,创设情境还可拓展学生的视野,将其中属于高中甚至大学的知识带进拓展课的课堂,为高阶思维和实践能力的培养奠定基础。

1. 校园人工湿地在生命科学核心素养落实中的应用——生命观念(生态观)

例如,在学习"生态系统稳定性的自我调节"部分时,通过结合我校小型人工湿地生态系统创设问题情境,让学生认识到生态系统的自我调节能力是有一定限度的。通过自然生态系统和人工生态系统的比较可以发现,虽然人类可以模拟自然生态系统创建一些能行使相似功能的人工生态系统,但从稳定性上来看,两者相差甚远,从而唤醒学生保护自然生态的意识,形成积极保护自然生态环境的观念。在此基础上,还能很好地衔接第二部分"人类活动对生态系统稳定性的影响"的内容。

2. 校园人工湿地在生命科学核心素养落实中的应用——科学思维(实事求是)

例如,在学习"多种多样的生态系统——湿地生态系统"时,引导学生重点关注其众多功能之一的净化水质的功能,并进一步介绍该功能在城市中的运用,引发学生对校园人工湿地净水功能的好奇,激起探究欲。通过情境的创设,促使学生展开关于校园人工湿地水质净化效果的探究。引导学生运用最基本的建模方式收集水质监测数据并进行分析,从而形成尊重事实和证据的科学思维。

3. 校园人工湿地在生命科学核心素养落实中的应用——探究实践(实验实践)

例如,在学习藻类植物时,海水中的藻类植物与人类生活的联系更密切,因此与学生已有的经验更贴合,更利于理解其结构特征及代表植物。但是学生对淡水藻类相对陌生,即使课本中展示了衣藻和水绵的模式图,仍然较为抽象。因此基于这个问题设计了实验"观察池塘水中的藻类植物"。我校人工湿地处理后的景观水长期保持二类水水质,鱼儿在其中嬉戏玩耍,睡莲荷花也竞相开放,一片生机勃勃,是学生身边优良的实验情境。但是为了强化此实验的效果和学生的收获,在采集好的水样中提前放置了一些水绵,避免实验主题偏移到水中藻类植物的识别上,以带给学生更加直观的观察体验,也能培养和锻炼学生基本的实验操作能力。

4. 校园人工湿地在生命科学核心素养落实中的应用——态度责任(社会责任)

例如,在城市环境保护这部分内容的学习中,需让学生了解上海近年来所采取的水质改善措施及成效。其中,各区建设的大型滨江最为显著,受到社会的广泛关注。我校也积极地加入了生态环境的保护行列,在校内建设人工湿地,实现校内水资源的循环利用。从外区各大型滨江到我们身边的杨浦滨江再到校园内的人工湿地,结合与水处理相关的社会性热点话题及学生个人经验范围内的真实情境,让学生深刻认识到保护生态环境的重要性,激励学生加入环境保护的队伍,从节约用水等这样力所能及的小事做起。

## 三、总结

校园环境的建设和优化越发地受到社会各界的重视,这也意味着不出校园就可以发现很多我们日常教学中能利用的资源和情境。在初中生命科学教学中使用情境化教学策略,不仅可以营造趣味性、互动性强的课堂氛围,还能有效地提升学生的自主学习意识,落实学科核心素养。

本文列举的应用案例,很好地与校园中的生态设施进行了结合,充分地利用了师生身边的情境素材,教师据此设计了一系列的学习、探究以及实践活动,整体的反馈很不错,学生的积极性和参与度很高,课堂氛围既活跃轻松又不乏思考深度。但是,教学中不可忽略大情境的贯穿性以及核心素养的整体性。虽然文中的案例片段是从不同的角度或不同的板块突出生物学核心素养的不同方面,但在实际的教学设计和实践中,应注意整体把握。此外,聚焦大情境中的项目式学习,比碎片化地抛出和解决问题更能建立起事物之间以及知识之间的逻辑关系,促进学生的思维发展,培养学生的相关意识和能力。

**参考文献**

［1］吴成军.义务教育生物学核心素养的内涵及分析[J].生物学教学,2022,47(07):2-5.

［2］余文森.核心素养导向的课堂教学[M].上海.上海教育出版社,2017:191-205.

［3］杨华山.初中生物教学中的情境教学研究[J].学周刊,2022(06):69-70. DOI:10.16657/j.cnki.issn1673-9132.2022.06.034.

# 创设合理情境　落实核心素养

## ——以初中生物学复习课为例

杨浦区教育学院　糜玮珺

**【摘要】** 初中生物学复习课是促进学生认知发展的重要平台,是落实生命科学核心素养的重要阵地之一。创设合理的情境教学,能够充分激发学生的探究兴趣,引导学生在真实情境中综合运用学科知识、技能及原理进行全面综合地思考,从而解释真实情境中的复杂问题并提出合理的对策,以达到在初中生物复习课中提升学生核心素养的目的。

**【关键词】** 初中生物学复习课　核心素养　情境创设

在《教育大辞典》中,情境被定义为:"教师在教学活动中借助一定的方法和手段为学生营造的适合学习的一种具有情感的环境。"[1]生物学的知识及原理是科学家们通过充分探索真实情境总结而来,学生在学习生物学的过程中不断与真实情境产生知识与情感的链接,所以情境教学在初中生物学教学过程中有着不可替代的作用。初中生物学复习课是培养学生综合思维和批判思维、促进学生认知发展的重要平台,是提升学生生命科学核心素养的重要阵地之一。复习课上情境的创设应充分考虑初中学生的认知水平及教学目标,结合核心素养中生命观念、科学思维、探究实践、态度责任的主旨并遵循真实性、人文性和可探究的原则等四方面内容进行选择及调整。

## 一、情境教学在生物学复习课中的作用

复习课是学生巩固学科知识、完善核心概念框架、提升知识与技能应用迁移能力以及落实学科核心素养的重要平台。复习课的成功与否取决于教师对于情境的筛选、问题的设计以及课堂的组织。其中对于情境的选择是让复习课取得良好成效的基石。在复习课的情境教学中根据 SOLO 分类评价理论,可

以更加全面客观地判断学生对所学知识综合运用的程度以及思维的活跃度和深度。在复习课中，我们希望学生能够达到较高的水平，即关联结构水平甚至拓展抽象结构水平。图1清晰地呈现了这五个结构层次之间的区别和联系。

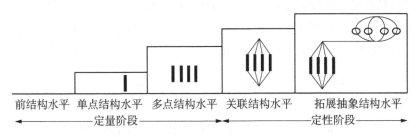

图1　SOLO水平结构模型图

复习课应在前期基础知识积累的前提下，思考学生理论思维的飞跃。而基于情境的课堂能够激发学生的学习热情，从而更好地重构已有的知识框架。基于合适的情境教学，学生在重构知识的过程中能够找到与对应问题相关的素材和线索，并与所学知识进行整合后输出解决问题的方案或对问题的看法，同时激发出对学科知识以外的问题的兴趣，如对社会热点的探讨、对周围世界的认识和探索等。学生在这样的复习课中不仅能够巩固和应用学科知识，而且能够发掘生物学学科在生活和社会中的广泛应用，进而对生物学有更加深入的认识。表1可协助教师在复习课中观测学生达到的结构水平：

表1　SOLO层级对应的回答特征[2]

| Solo水平层级 | 代表符号 | 回答特征 |
| --- | --- | --- |
| 前结构水平 | P | 在课堂情境中不能获取正确信息，不知道相关知识点或记忆错误导致回答错误甚至未作答 |
| 单点结构水平 | U | 从脑海中或情境中获取单一信息回答 |
| 多点结构水平 | M | 在情境中运用多个知识点或者获取多个信息回答，但知识点或者信息之间没有进行归纳整合 |
| 关联结构水平 | R | 在情境中能够运用多个知识点或获取多个信息进行分析综合，得到综合性答案 |
| 拓展抽象结构水平 | E | 联系其他情境的现象并充分运用已有知识经验分析问题并创造性地解决问题，概括性地得出超越自身已有知识经验的答案并主动迁移至其他情境 |

## 二、复习课中情境的选择原则

综合近几年情境教学的经验，笔者认为情境教学需依据课程标准确定的教学目标，结合复习课的教学内容，有目的地创设合理情境，充分激发学生探究情境的欲望，在探究过程中学生充分思考并对学科知识进行更深层次的建构。根据复习课的特点，在复习课的情境创设时需要遵循以下三个原则：

### （一）真实性原则

生物学是自然科学中的一门基础学科，是研究生命现象和生命活动规律的科学，其研究对象是具有高度复杂性、多样性和统一性的生物界[3]。基于此，生物学课堂上所选择的情境必须具有真实性，即真实存在而并非小说或艺术修饰的情境。在运用情境教学的过程中，切忌为了达到目的，刻意拼凑或编造一些情境，这类情境看似能达到教学目标，但不利于培养学生正确的科学观。这里的真实性也不是把一个完整的情境全套照搬放在课堂中使用，而需要结合教学目标、学生认知情况以及核心素养，基于科学性的原则对情境的材料进行整合，或简化为初中学生所能理解并能围绕其展开讨论的情境。

### （二）人文性原则

生物学虽为客观存在的自然科学，但在学习生物学的过程中还需注重人文关怀，不能只以科学道理去看待一切问题。在社会发展的进程中，我们经常会遇到理性与感性的斗争，在斗争中我们需要综合思考，最终选择最优方案。在生物学的情境教学中，引导学生基于科学并关注人文，是培养学生将来能更好承担社会责任的前提，所以情境中融合人文教育元素能让科学教育更加富有情感，让学生在理性与感性间体会情境、认识情境、探索情境，从而增加情境教学的真实性与复杂性。

### （三）可探究原则

生物学复习课的目的旨在引导学生综合运用已有知识及原理，在真实问题的解决过程中进一步提升学科核心素养，故所选情境的可探究性就显得尤为重要。首先，可探究情境首先应能贯穿整节复习课，不能仅作为导入或某个片段的情境教学；其次，可探究情境中的问题不应只有简单的标准答案，而应具备可以多角度思考并阐述的复杂问题；最后，可探究情境应可以留有更多的空间供学生课后思考。

## 三、生物学各类型情境在教学中的应用

基于上述三个原则,根据以往教学经验,初中生物学复习课情境可主要分为生活类情境、时事热点类情境和质疑类情境等。(下文中 R 和 E 分别代表学生表现出的关联结构水平和拓展抽象结构水平)

### (一) 生活类情境

此类情境与学生的亲身经历或与学习生活关系较紧密,更容易与学生产生情感链接,在激发学生学习兴趣的同时还能帮助学生解决真实生活中遇到的问题,从而提升学生的成就感。

例如:"生物的主要类群"单元的复习课,教师以"夏日公园游记"视频为情境导入,学生看到熟悉的公园场景便心生欢喜,学习热情被瞬间点燃。当学生利用所学知识——分辨出视频中不同生物的类群并推测其生活环境的特点(R),同时利用分类检索表找寻与视频中亲缘关系相近的生物时(R),成就感逐步积累。学生经过整理后发现,短短的视频中竟然出现了十几种不同的生物,不禁大为赞叹。整个过程中学生投入情境的探索,充分调动原有认知解决新的问题,同时提出其他学生感兴趣的探索话题如"学校、菜场及社区中,哪个地方能够发现较多的生物?"(E)。说明学生在此情境中不仅能够主动参与、认真思考,更是有了主动探索未知的倾向,这对于落实科学思维、探索实践的核心素养起到了促进作用。

### (二) 时事热点类情境

除了生活类情境外,在信息化如此发达的当下,各大电视、网络媒体等均会报道一些社会新闻或时事政治等内容,其中也有许多适合作为生物学课堂的情境题材,笔者认为这属于时事热点类情境,即虽不是大部分学生亲身经历的事件,但却是在学生所处的社会中真实发生的、具有探讨价值或社会意义的真实情境。

例如,"健康"单元的复习课,教师以新冠肺炎防治为主要情境并选择以下社会热点供学生探讨:许多老年人认为自己不常出门,不会感染新冠肺炎,所以无需注射疫苗;连花清瘟胶囊对于新冠肺炎有一定治疗作用,有些人会长期服用来预防新冠肺炎;在新冠疫情暴发期间,一些集中隔离点的医护人员带领患者跳舞或组织游戏等。这些现象未必是学生亲身经历的,但作为社会热点学生

也有一定的了解。针对"健康"单元的学科核心概念,学生在小组讨论时充分交流,利用已学知识客观分析社会热点背后隐藏的学科概念(R),同时认识到拥有正确的生物学知识是从容面对疾病的底气并开始谋划向家中长者或社区老人普及健康知识(E)。说明在此情境中,学生能够利用自身的学科素养去正确看待社会热点,辨析事情的正确与否,并尝试向科学素养薄弱人群进行科学普及,主动承担起社会责任,这主要落实了生命观念和态度责任这两项学科核心素养。

### (三)质疑类情境

质疑能力是生物学核心素养中比较重要的一环,它能推动探索实践的进程,强化科学思维的逻辑性,提升态度责任的科学性。质疑类情境中学生可以对情境中的现象和结果提出质疑,也可以对老师与同学的看法提出质疑。学生在质疑的过程中充分挖掘情境材料中的证据与学科知识原理来佐证自己的观点,从而提升学科核心素养。

例如,在"生态系统"单元复习课上,教师以上海崇明东滩的外来物种——互花米草为情境,辅以实物展示,从其适应本地生态系统、影响本地生态系统以及后续治理为主线,充分探讨并辩证看待互花米草这一外来物种。学生在学习过程中综合教师所给资料,找出互花米草对崇明东滩鸟类、底栖动物及其他植物的各种或有利或不利的影响(R),体悟出外来物种对本地生态系统而言是牵一发而动全身的存在(E)。在此基础上,学生充分讨论治理措施时,对每种措施都基于本地生态系统提出合理质疑(E)。可见合适的情境能够充分激发出学生的质疑能力,提升学生核心素养。

## 四、小结与反思

### (一)情境的适切性

本文中列举的集中情境类型并不包含所有生物学复习课中出现的情境,同时情境教学也不是复习课独有。上述三类情境并不是完全割裂的,每个情境都会有一定的偏向性,也应有一定的包容性,这才能真正体现情境教学的价值。所选情境需是学生既熟悉又陌生的,这样才能在激发学生学习兴趣的同时保有较好的探索欲望,最终让学生在复杂的、真实的情境下提升学科核心素养。

## (二) 学习资料的适切性

由于真实情境具有一定的复杂性,初中学生无法在课堂的有限时间内阅读海量信息并精确找到相关内容和线索,对于一些超出认知的内容也无法进行辨识。所以教师在课前需要做好资料筛选与调整的准备工作,确保所给资料的体量以及难易程度能够使授课对象接受。

## (三) 教师身份的适切性

在情境教学中,课堂的主体一定是学生,教师需扮演的是资料提供者、学习陪伴者、问题释义者,不能够越俎代庖,替代学生完成情境探索,否则情境教学会流于形式,无法真正达到核心素养落实的目的。

**参考文献**

[1] 顾明远.教育大辞典[S].上海:上海教育出版社,1999:189.

[2] 王春.核心素养视域下基于 SOLO 理论的高中生物学命题研究[D].淮北师范大学,2022:10.

[3] 中华人民共和国教育部.义务教育生物学课程标准(2022 年版)[S].北京师范大学出版社,2022:1.